あなたを苦から救う お釈迦さまのことば

高木書房

はじめに

釈尊（ゴータマ・ブッダ）がこの世に出られ、法を説かれてから二千五百年もたつというのに、私たちはいまだに迷いと苦と対立に悩み、ついに二十一世紀まできてしまいました。

文明は進んでも人はその欲から離れられず、さらに多くのさまざまなトラブルや個人的な人生苦を抱え込み、病気の種類も増やしてしまいました。その上まだ、苦しみと悩みと憂いの世界にいます。多くの人は幾世も幾世も生まれ変わり、時を経めぐりしても、いまだに迷いの森から抜け出せずにいます。

この二十一世紀の日本に限ってみても、昔、残虐非道といわれていたような事件が頻発《ひんぱつ》しております。大人も子供もその心の狂いを正せず、政界も財界も医学界もそして高級官僚も、さらに学校の先生も利と欲に衝《つ》き動かされ、そのあげくなぜか豊かな生活の中でみな苦しんでおります。

便利な中に生き、快適な都市空間に住んでいると、だいたいのことは人間の都合、金銭、電気の生活で生きてゆけると勘違いしてしまいます。そこでは出世や成功が人生の目的になってしまうのです。

お金と自分の都合だけで生きてゆけると錯覚している人が多くなっています。毎日、青空を見上げること、星や月や夕焼けや朝陽に感激することが私たちの心を和らげ、生命と魂に心を向ける大きなきっかけになるのですが、その自然も少なくなってきました。

こんなにも物質的に豊かになったにもかかわらず、事故や重い病気が発生しています。その原因が、この物質と金銭偏重の動きにある事はまちがいありません。

というよりは「物質的に恵まれた分、心の憂《うれ》いと悩みが増えてゆく」ということの不思議な法則が適用されているに過ぎないと気づくべきでしょう。

それを乗り越える為には……

怒りなく生きる

共に手をたずさえて生きる

やさしく生きる
親と兄弟と友を大事にして生きる
感謝の心を持ち続ける
といった単純な人間性の本質を取り戻すことにあるのです。

子供達も大人もお金が一番と思い込み、心がゆるみ、「して良いこと」と「してはならないこと」の見分けがつかない状態になっていることは今、誰しも認めるところでありましょう。

—△—△—△—

こうしてみてみると、お釈迦さまの時代から心は進歩しておらず人類は、まだ始まったばかりの幼い段階にいることが解ります。

お釈迦さまのことばには、不安なく、怒りなく、病と苦しみ少なく、この世を幸せに生きる救いの法則が含まれています。

お釈迦さまの説かれるこの世の黄金の法則を少し理解するだけで、私たち人間は心軽く、対立とトラブルの原因をとり除いていけることができるのです。

お釈迦さまの説く人の真理はむつかしく、他の宗教のように神におすがりすることを頼むのではなく、自分で心を制して悟りをめざすという意味においてエリートの教えであり、一般大衆のよくなし得るところではない（奈良康明氏）といわれています。

ですから仏陀の話を聴きに集まった何千人という修行者や帰依者は、少し高い岩の上で話す仏陀の風に流される声を聴き逃すまいと静まりかえっていたのです。

お釈迦さまは現実的にオーラが透んで、光り輝く方であったことが解ります。現代風の教祖的な所もなく淡々としており、たくさんの修業者が親しげに近づける、人好きのする、とっつき易い方であったようです。

子を失い嘆き悲しむ婦人が居ることを聞きつけると、家まで出かけてゆき嘆き悲しむのを解いてあげたり、訪ねくる人がいれば自分の死の直前でも拒むこともなく、「よく来たね」と迎える親しみがありました。

その上、若い人にも自分の方から先に話しかけるほど、威の少ない人でもあったのです。話す声は透き通り、いつも静かで乱れず、同じ調子で説法をし、現代の宗教組

—△—△—△—

織のように信者の拡大を目指すこともありませんでした。

当時お釈迦さまに会った人々は次のように、みなお釈迦さまを称えているのです。


—△—△—△—


かの師は……

真の人。悟りを開いた人。荷を降ろした人。汚れない人。明知と行いを具えた人。幸せな人。世間を知った人。無上の人。人々を調える御者。神々と人間との師。目覚めた人。尊い師。初めも善く、中ほども善く、終わりも善く、完全円満で、清らかな行いを説き明かす人。神聖な人。煩悩《ぼんのう》の矢を抜き去る最上の人。世間に出現すること常に稀有である所の人が今、世に現れた。

高貴で光明を放つ人。一切の苦しみを捨てた人。一切の迷いの生存を超えた人。前世の生涯を知り天上と地獄を見、生存を滅ぼし尽くすに到って、直感智を完成した聖者。

憂いなく、汚れなく、濁りなく、清らかで澄み、煩悩の汚れを滅ぼし尽くした真の人……。

ですからお釈迦さまの説法を聞かれる人々はみな静かに、風に乗るどんな声も聞き逃さないようにして聞いたのです。しわぶき、くしゃみをすると周りから〝静かに！　静かに！　仏陀の声が聴こえないではないか〟とたしなめられていたのです。

居眠りなんてとんでもない。〝もったいないこと〟なのです。

なぜなら、このような真に目覚めた方にまみえるのは百劫（気の遠くなるような宇宙単位の時間）万年にも巡り会う事はない程貴いお方なのです。別な言い方をすればこれ程悟りを開いた方がこの世に出現する事は得がたい稀《まれ》なる事なのです。ですからこの無比なる方の説く処に接せられるのはこの上ない幸せなのです。

——△——△——△——

おこがましいですが、そういう意味でお釈迦さまのことばを噛みしめ、その意味するところを現代の生き方に照らし合わせてとりあげさせていただきました。

私は四十日断食の後、釈尊が感じた何かを知りたいとインドにおける釈尊の四大聖地、「誕生の地」と「悟りの地」と「初転法輪の地」と、そして「入寂の地」を歩き巡りました。それでもお釈迦様の悟りの千万分の一にも届きません。でも現代の苦しみの中でその百万分の一ぐらいを、そして私たちが現代生活の中で実行できるところを、中村元先生や増谷文雄先生、奈良康明先生の訳本をもとに抜き出して、在家の人間として解説を試みんとしたものであります。

今の地球上で、お釈迦さまのように人々からこれだけ、「完全円の讃歌」をもって称えられる方が他にいるでしょうか。当時その気高さはたとえようがなかったに違いありません。

最上の誉めことばで飾られた聖者。そしてめったに出現することなき聖者（仏陀）のことばと、釈尊によって導かれ、悟りを開いた仏陀たち（長老）、つまり弟子たちのことばを味わい、この迷い多い現世に、尊き光をとり入れてみましょう。きっと私たちを心の向上と平和感へと導く〝光る足〟に出合うに違いありません。

この本を青い色の本、下巻を赤い色の本とし、男性用、女性用として書いてみたいと思います。

合　掌

―目　次―

カバー絵 北川 八郎

1 まず自分を整えよ

釈尊はいわれる
先ず自分を正しく整え、次いで他人に教えよ。
そうすれば煩わされて悩むことが無いであろう。
他人に教える通りに、自分でも行え。
自己は実に制し難いからである。

人を説教する前に、まず自分を整えよ。自分ができないことを人に説くなかれ。自分がやらないことを人にやらせてはならない。これが大人の基本。

本当に自己は制し難い。人に忠告するのは簡単である。

人に良きことを説きたければたくさんの本を読み、そのことばを伝えれば良い。伝道者になれるだろう。

しかし、頭で考えたことや、自分がなし得ないことをいくら説いたところで、ことばに光や重みがないので、人の心にはしみ込まない。

不思議なことだ。

自分が体験し、苦しみ、そして平安や、安らぎを得て、――釈尊のいわれる「先ず自分を正しく整えて」こそ――初めて、人の心を動かし、人を立ち上らせる。

その時こそ平凡な使い古されたことばでも、人の心を打つ。

ことばにエネルギーが乗り、人の心の奥に飛んでゆく。

ＮＨＫのＴＶ番組で、ある県の健康大会の模様を中継しているのを見た。

その中で、司会者を挟んで両側に東大の先生が座り、タバコの害をしきりにグラフや数字で示していた。

喫煙がガンの原因となることを説き終わり、「ところで、先生方も、タバコは吸われないんですよね」と司会者が尋ねた時、「いえまだ吸っています」と答えた。

その瞬間、私の中で今までの講義内容は苦笑とともに消え去ってしまった。

東大の先生であろうと……まず、「自分を正しく整え、次いで他人に教えよ」と二千五百年前に釈尊は教えている。

そうすれば、その東大の先生が信を失うことはなかったであろう。

帰りの飛行機でＮＨＫの司会者を恨みながら苦虫をつぶした顔で帰ったかもしれない。自己は実に制し難い……。

でも毎日毎日、たくさん良きことを口にしていると、それが自然に自分の耳に入り、少しずつ自分が正されてゆく。

良きことを行ない、良きことを口にし続けると、自分が少しずつ修正され澄んでくるのが解る。

だから常に人を励ますことば、元気づけることばを吐くと自分が変わるのだ。

自分が全くなさないことを口にして、人を諭《さと》す人を名づけて私は口善人と呼んでいる。これは私自身への警告である。

口善人と呼ばれないために、出来ないことは口にしない。

私は口善人にならない。
良き人になりたい。
人々を救いたい。
まず自分の心と行いを整えよ。
まず自分を正せ。
罪の荷をこれ以上重ねるなかれ……。

長断食（４０日）をした森の景色

2

不安と怒りなき人生を目ざせ

釈尊はいわれる
怒りをやめて、安らかに臥す。

怒りをなくして、悩まない。

(怒りは毒の根であり、その頂きは甘いものである) 怒りを滅ぼすことを、聖者たちは賞賛する。

ヴァトラブーよ。それを滅ぼしたならば、悩むことがないのだ。


現代の人々にとって、怒りなき一日を過ごすことは難しいかもしれない。それでもなお怒りなき生き方は、生きる上で最大の目標の一つとすべきものである。

なぜなら怒りやイライラや不安は多くの人にストレスとなって、様々な病気を引き起こしているからだ。

怒りをなくすと人生は大きく好転し、あらゆるトラブルが消えてゆくからだ。

怒りを消そう。

怒ってはいけない。

心も体もその人自身の怒りと、また人から怒られることで生じる人々への恨みでズタズタになっている人々にたくさん出会う。

怒りの人は怒り続けることで、自分の心に罪の意識が生じる。

また、毎日の生活の中で不満が重なり怒りが消えないと、怒りに執着する自分が許せなくてまた怒りが上積みされて……さらに悩む。

このささいな心の争いが心の隅に残って気になり、イライラが増してゆく。この結果怒りはさまざまな障害と心のねじれをもたらす。

行き着くところ……それは病気となって現われる。

それは対人関係の破壊となって現われる。それは社会を壊してゆく。

それはまた仕事のトラブルとなってあなたを襲うだろう。

不安と怒りの人は、怒りを収めてこそ初めて安らかに床につける。

釈尊が「ヴァトラブーよ」と呼びかける時、そこにあなたの名を入れ替えてみるとよい。釈尊が、親しげに呼びかけてくれるのを感じるだろう。

「さあ、君は、怒りを減らしなさい。そうすると、今の悩みは消えてゆく。もう、その人を許し、さらにその上その人に、許しの光を送りなさい。」と……。

その人に善なる光を送るのが、私の勧める怒りとその罪の解消法である。

許しなさい。許しなさい。許しなさい……。

許しと謝りの光を送りなさい。

そうすると、あなたが救われる。

怒りを収めて丹田を練り、ゆっくり息を吐いて心を慎めてみよう。どんな悪しき状況に置かれても、怒りを収め、許すことを覚えていくように……自己を高めてゆこうではないか。……友よ。

ボクシングの世界大会で解説の元チャンピオンが、体験を話していた。
リング上では怒った方が負ける。
怒らせた方が勝つ。
怒った人は理性を失い、腕の振りも足なみも乱れてくるから、空振りが多くなると……。あらゆる世界で怒りは次の向上のチャンスを失う。

釈尊はさらに次のようにいわれる。

「怒った人に対して怒り返す人は、それによっていっそう悪をなすことになる。怒った人に対して怒り返さないならば、勝ちがたき戦にも勝つことになる。」

（悪魔との対峙Ⅶ）

ストレスと怒りは、人の心のエネルギーを外に洩らしているのと同じだ。怒り、不安になると、元気が失せ寝込んでしまうことがあるように、オーラの蛇口が開き、心のエネルギーが自分の身体から失われてゆく。

逆に、善意は心のエネルギーが充たされゆくのを感じるだろう。

気力が充実して、生きてゆくのが楽しくなるだろう。

立ち上がれなかった心が、立ち上がってくるのを体験するだろう。

また、ガンは怒りによって発病する。

人はみなガンの体質を持っているといわれる。ガン発生の材料はそろっている訳だ。

例えば、薪と紙だけでは火がつかないように、怒りはガソリンでありストレスはマッチである。怒りとストレスは、マッチの火がガソリンを発火させ激しい炎を起こすように、薪を燃やし細胞をガン細胞へといざなう。

私たちは、みんな忙しい。東京の銀座でも新宿でも渋谷でも、何があっても立ち止まる人少なく、みな、他を省みる余裕もなく自分のために忙しい。

時に追われ、利に追われ、生活のためと自分を駆り立てて、時の光の中を駆け抜けてゆく。

そうすると少しのことで怒り、自分の都合に反したことで子を叱り、部下を叱り、妻を叱り、社会を叱る。イライラはそのビルの階を支配し、やがてその高層ビルを支配しその会社とその地区を支配する。

人はそれを家にまで持ち帰り、イライラと怒りの中で日を送る。どこかで止めなければ……。

高速道路を走る車のように、追い抜き、追い越したが故に、速度を緩められなくなる。休むと、せっかく追い抜いた車に再び先行される嫌さに、休息をとれなくなる。

走り、走りて、急ぎ、急ぎて、私たちは疲れていく。

そんなに時を惜しまなくても、そんなに時の流れにおぼれなくても、皆同じように、時の果て、魂の海に流れ着くのであるが……時に急ぐ。

怒りと、不安に気をつけて生きよう。

怒りと不安なく生きる工夫をして生きよう。

怒りと不安なき人生を目ざそう。

怒りと不安はさまざまな病をもたらす。

その代表は脳溢血と心臓病であり、胃と腸のガンである。

女性にとっては子宮ガンと乳ガンは不安と怒りからやってくる。それは医学的にも証明されている。

さらに釈尊は続けていわれる。

「他人が怒ったのを知って、気をつけて自ら静かにしているならば、その人は自分と他人と両者のためになることを行っている」

自分が怒りを収めると、相手の人の怒りも収まってくるだろう。

怒りは自分も、相手をも傷つける。

怒りの矢は二つに別れて飛んでゆく。まず自分に……二本目は相手に……。

私にとって怒りと不安は、今生《こんじょう》収めるべき最大の敵である。

さあ、もう怒るのをやめよう。

許すことを覚えてゆこう。

ごめんなさい……を勇気をもって口にしよう。

3

「利」より「信」を選べば世間が応援する

釈尊はいわれる
信は、この世において人の最高の財である。徳を良く実行したならば幸せをもたらす。真実は諸々の飲料のうちですぐれて甘美なるものである、明らかな知恵によって生きる人を最上の生活者と呼ぶ。

信こそ、この世を渡る貨幣である。
信なき会社はたちまち潰《つぶ》れる。
信を失った組織はすぐにくずれ去る。

これがこの人の法則であることを次の世代の人たちと子供たちに伝えたい。

特に会社の経営者や、政治に携わる人、そして公務員は「利よりも信を選ぶ勇気」を「人生の戒《いましめ》」としてこれを持つようにするならば、大いなる財と幸に恵まれる。

釈尊がいわれるように、信を保つことこそ人生の最高の財であって、売上げを上げるためのいろいろな策を練る前に、信をとり利を捨てる習慣を身につけること。

「人のつながりでこの世は生きなければならない」のだから、嘘とごまかしはお店を潰す原因となる。なんとたくさんの「老舗《しにせ》」が消え去ったことだろう。

信を得て地域に貢献し、品質を高めるならば、世間は必ず応援することを知っておいたほうがいい。

「世間は必ず応援する……」

昭和の終わり頃から平成に至るまでのわずか十数年の間に、わずかの利を失うことを恐れて、利を優先し信を失った会社のなんと多いことか。

ミドリ十字のように、上層部の人達に倫理観なく、わずかな利を惜しむと大きな信を失い、会社を潰すほどの不信用にまみれて、たちまち社会から消えていく。

人々は学ばない。点数と暗記で上げた地位は、すぐにくずれてしまうだろう。

人々はこれが法則と知らない。

また「このくらい……」という甘い不信の砂糖を日頃からなめているのかも知れない。

これはいつの時代も同じである。

会社も、公の人も、個人の人も、恥を尊び信を選ぶことによって、人格は上り会社の格とその売上げは、やがて伸びてゆく。


釈尊はいわれる。

「信を保て。

信を築け。

利におぼれるなかれ。」


毎日の売上げの数字に左右されるよりも、社員の笑顔、お客さんの笑顔を数えなければならない。この混乱と利を優先する社会においてこそ、信を選べ。

「常に利よりも信を選べ」。

ところで、日本人は生き方が下手なので、少し損をする生き方がいいようだ。十％でいい。自分の生き方の感覚の中で、あらゆる面において、いつも少し損をする生き方を選ぶがいい。

すると信を得、トラブルが少なくなってゆくのを経験する。足を踏まれたら、十％の損に組み入れると、その位は生きる上でしかたないと、寛大になってゆくだろう。「トラブルと苦情は、信を立て直すチャンス。」……とあるセミナーで言ったところ、大きな会社の幹部の方が、「企業は利益を得てこそ生きる。利のないところに企業は存在しない」と言われた……が。

売上げの減少は利を追い過ぎた時に生じる。良き社員と良き高品力と世間に役立つ会社ならば百年は大丈夫だろう。

社員とお客の笑顔の数こそ繁栄を示す尺度となる。

4 食べる事は〝聖なる行為〟時には断食も…

釈尊はいわれる

一切の生きとし生けるものに対しても、
無量の（母のような）慈《いつく》しみの意《こころ》を起こすべし。

さらにいわれる。

「いかなる生物生類であっても、怯《おび》えているものでも強剛なものでも、長いものでも短いものでも、微細なものでも粗大なものでも、見えるものでも見えないものでも、遠くに住むものでも近くに住むものでも、すでに生まれたものでも、これから生まれようとするものでも、一切の生きとし生けるものは幸せであれ」

と祈ろうと。

怯《おび》える動物の肉を多食しないように気をつけよう。その怯えは食べたあなたに移るからである。

旨い、やわらかい肉だからといって、必要以上、口にする事をやめよう。

なぜなら、どんな動物も人間に食べられたいと思って生まれてくるものはいない。

その上その生命の生の途中で死を受けることは、いかなる動物も〝無念に違いない〟。

その念を多食するとガンや糖尿病やウイルス性の疫病という形で私たちは苦しむ。

その動物の怯えで私たちは「ウツ」になってゆくだろう。

他の動物の肉は、それぞれの業（心の記憶）を持っており、その業（悲しみの思い）を自分の体に移入することを覚悟して、口にしよう。

おいしいというだけ食べてはいけない。

珍しくて高級だからといって食べてはいけない。

食べる行為は〝聖なる行為〟と知って野菜を多くし肉・魚類は手を合わせつつ、少なく、少なくいただく方がいい。

素食と菜食は「長寿組織」にスイッチを入れるといわれている。本当のことだろう。マウスの実験で、わざと胃腸を傷つけた少食のマウス群は、その手術をしてもすぐに傷口が治る。

ところが満食のマウス群は傷口がウジウジとして治りがとても遅いという報告がなされている。


さらに釈尊はいわれる。

「汚れのない心で、一つの生きもの慈しむならば、それによって善が生じる。生きとし生けるものすべて、心で慈しむならば、多くの功徳を積むことになる」


野菜をたくさんとる食事とベジタリアンライフに切換えてみよう。そうすることで健康と長寿とを得ると約束できる。

長寿への道は、少食と野菜食にあり、脂物、肉物と加工されたものを少なくすることが一番の近道である。今ある病も治るだろう。

時には三日～五日間の断食も大切である。体中から今まで摂り入れた薬が流れ去るのを体験する。

こうして食を少なくし、感謝を知った食事になじみ、自分の「肉体の騒ぎ」を治めた人は、

「安らいに帰した人の心は静かである。
ことばも静かである。
身の行ないも静かである」

と釈尊はいわれる。

特別修行僧でなくてもいい。私たち平凡な人間が、食を慎《つつし》み、身を慎み、心を慎み、時に断食をして、落ちついて、不安なく静かに生きれば、いつも慈しみの心が生じ、

静かな語らいと、毎日の安らいだ気持ちの中で人生を送ることが出来るようになる。
平凡な一人として、
動物も植物も含めて、そしてすべての地上の生命体が平和でありますように……。
と祈ろう！

田植風景。約５反を耕す。

5

この世に生きる目的とは？

仏弟子のことば
多くの世俗の仕事をしてはならない。
雑な縁をつくり出すために、努め励んではならない。
がつがつとして、（人生の）味に耽溺《たんでき》する者は幸せをもたらす目的を見失う。
（仏弟子の告白より）

私はいつも、自分に問う。
私は一体この世に何をしに来たのだろう。

快を楽しむためか。

この人生で快楽と欲望を果たし楽しければそれでいいのだろうか。

少しは人のために役立つことをしただろうか。

自分が楽しければ、それですべていいのだろうか。

楽しみが自分だけに終り、人々に伝わらない楽しみ、そのような孤立した快楽ほど虚《むな》しいものはないだろう。

どうして、いつも自分勝手で、つい人を苦しめる行為をしてしまうのだろう。

多くの快を求め、多くの金銭を求め、多くの称讃を求めて、多くの世俗の仕事を増やしてしまった。

あれこれと、ただ忙しく朝を送り、夜を迎え、春を送り秋を迎え、すぐに十年たった。

眠るのがもったいなく、遅くまで灯りをつけて、さらに雑な縁をパソコンに求める。

世界のあちこちを旅し、日本だけでなく世界各地の味に耽溺して、まるで世界中のおいしいものを食べつくさんがごとく、欲を張って食に快を求める。

ただ、そうやって一体人生に何を残そうとするのか。

ただあわただしく、ただわき上がる不安を消そうとしただけのことではないのか。少し瞑想を覚え、深い呼吸の中で、魂と会話し、今生この世にきた意味と使命をさぐり心を鎮《しず》めることをしてみよう。

もっと落ち着いて人生を生きよう。深い呼吸をしよう。

私たちの人生の残り時間は少ない。ここで釈尊のことばに耳を傾け、欲の河を渡る決意をすると、イライラと不安が消えてゆく。しっかり、まなこを上げ、青空を見つめ、ただ春秋に流されることなく犀の角のようにひたすら歩め。友よ……。

落ちゆく業績にイラだち、社員をバカ呼ばわりする若い経営者に会った。

社員を「無能！」と叱りつけていた。会社の不振を社員のせいにしていた。

社員を「能なし」呼ばわりする程に社員の緊張は高まり、会社の業績は落ちてゆく。

社員をバカ呼ばわりする上司や社長になってはいけない。その人の運も共に落ちてゆく。社員のやる気をなくして能力を封印してしまっていることに気づかない経営者の多いことに驚く。トップが社員をどなりつける会社は末期状態にある。

社員と社会の希望と意欲をそぐ会社に未来はない。

自分が叫んだことは全部自分に返ってくる。苦も楽も嫌も好も返ってくる。

社員を「バカ」「能なし」と叱る人は社長の資格はないといえよう。なぜならその人はただ自分の不安におびえ、社の未来をつぶしているからだ。

社員は大体上司の六割しか能力はないものだ。能力が社長の八割もある人はスーパー社員だろう。

この世の生きる目的を、社の利益と業績だけに置いた社に未来はない。

私たちはこの人生を人としてきちんと生きることを学びに、この世に来たのである。威張る人、見栄《みえ》の為に自分を飾る人に尊敬を払う程、私たちの人生に時間はあり余っていない。

口にしたことばと感情は全部自分に返ってくる。

社長が業績におびえていては、会社はもたないだろう。

まず、それぞれの人がこの世に持ってきた宿題をきちんと果たす方が大切だ。神が私たち一人一人に与えた私たちの人生の宿題はなんだろう。まずそれを探してみよう。

6

富は人の為に使ってこそ生きる

釈尊はいわれる
人のいない荒野に、清冷な水があっても、それを飲まぬならば涸《か》れて消え去るように、愚劣な人が富を得ると、自ら用いることなく他人にも与えない。
智恵ある人が富を得たならば、自ら用い、またなすべきことをなす。
(生きている時は)人から非難されることなく(死しても)、天に赴く。

釈尊のこのことばに接する度に、中国の春秋時代の范蠡《はんれい》をいつも思う。

范蠡は越王・勾践《こうせん》を助け、呉を破った後、越王の越国を去ります。

斉の国に落ちつき、その国で、再び数千万の財を築きます。

再び請われて斉の宰相となり大いに実績をあげ、功名を成し遂げましたが、そこでもまた名誉と金財に溺れてはいけないと、またも財産をその地の人に頒ち与え、人目を避けて陶の国に渡ります。

そこでさらに交易を商いとし、再三の成功を収め再び巨万の富を築いた人物です。

きっと范蠡のように生きよと、釈尊はいっているのでしょう。

過去の歴史上の人物で、会ってみたい人はたくさんいますが、范蠡という人にも会ってみたいものです。

智恵ある人が富を得たならば、人のために用い、またなすべき良き布施と、人々を助けるよき事業と、人の心を耕す良き教育に資金を投じることでしょう。

そして釈尊のいわれるように、その人は富を得ても人から非難されることなく、天に赴くことになるのです。頒ち与えれば逆に富むのです。預《た》めると減るのです。

恥ずかしいこととは何か？　お金が足りなくて貧しいことは少しも、「恥ずかしいこと」ではありません。

サイフの中にある財でがまんすれば、やがて減ったものは増えていきます。貧を嘆いたり、卑屈になったり、そこで不正をして金銭を得ることが恥ずかしいのです。

また、財がたくさんあって、金持ちなのは「恥ずかしいこと」ではありません。

そこで不正に財を集めたり財のあることを誇ったり、それをケチったり人を楽しませず、父母を楽しませず、弱き人々と頒ち合うことをしないで、自分の楽しみと、自分の都合だけにお金を使うことが、「恥ずかしいこと」なのです。

お金があって身を飾り、高級車に乗っても内心が不浄であれば、その人は苦に束縛された者（苦に心をしばられた者）でありましょう。

外側だけが立派でも顔はゆがみ、言葉は乱暴になります。その人が日常行っていることが表にでてきているのです。

頒ち与えるという生き方を選んで道を外さないようにしましょう。

たくさんの笑顔に囲まれてくる事でしょう。

7

善き人と交わろう

釈尊はいわれる

毒を塗られた矢は、箭筒《やづつ》の中にある、毒を塗られていない矢をも汚す。悪に汚れることを恐れて、悪人を友とするなかれ。

どのような友をつくろうと、やがて人はその友のような人になる。だから、

悪い友と交わるな。

卑しい人と交わるな。

善い人と交われ。

尊い人と交われ。

人は失意と不遇の中にある時、どんな人と交わるかで、その人の人格や運が見えてくる。またその人が順調な時、その人の周りの人でその人の運の先が見えてくる。

友はその人の心のレベルとめざすものに呼応して変わってくる。

人は同じ目つきの仲間と同じ服装の友と、輪をつくる。

良き友は、生きる上で最も大切なことの一つである。

次に、心を澄ませ、尊敬する人をつくるといい。

三人、尊敬する人を持つと、いつしか、その心と行いが自分の身に沁み入り自分も尊敬される側に立っているだろう。

だから周りの人々に、自分に対する尊敬を求めなくていい。

ひたすら、快におぼれず、怒りなく、友のよろこびを祝ってあげられる人となれ。

両親を大事にする人となれ。

人にやさしくあれ。

老人にやさしくあれ。

弱い人を助けよ。

怒りのまま人生を送るなかれ……。良き友を持て、良き友は宝である。

不正と利を追う狩人になるなかれ。狩人はやがて自分が狩られる人になってしまうからだ。これは法則なのだ。

アリストテレスはいう。「友人は第二の自分である」。今つき合っている友を、少し離れて眺めてみるがいい。その姿が、あなたなのです。

善き人からは、善きエネルギーがもらえその人は栄える。

悪しき友からは悪しきエネルギーをもらってしまう。

それで人を害し、その矢が自分に返ってきて自分の魂を傷つけ、やがて、自分のしたことに自分で苦しむようになってゆく。心して、善き友を選べ……。心して選べ。

善き友がいない時は独りで、本を読み、善き年上の人と語り、善意の輪の中に入ってゆくがいい。きっとオーラが澄んでくる。

今の悪しき運も必ず向上してゆくだろう。

善い人と交われ。思わぬ福が生じてあなたの人生が楽しくなるだろう。

尊い人と交われ。あなたの人格と才能が輝き始め不安がなくなるだろう。

8

欲を捨てれば罪と苦から解放されるだろう

罪は欲望から生じ、苦しみは欲望から生じる。欲望を制することによって、罪が制せられ、罪を制することによって、苦しみが制される

（サトゥッラパ群神第四節）

自分の欲、自分の都合、自分の人生が一番だと考える人は、いつしか人に矢を射《い》始める。そしてその欲の矢はやがてトラブルとなって、自分に返ってくる。それは遠い地でやった事でも忘れた昔やった事でも……返ってくる。自分の欲の為に相手を怒りつづけ、許さないでいると、人に与えた心の傷は、いつしか自分に罪の意識を生じさ

せ、なぜか何をしても楽しくなくなるだろう。

苦は人に対して放った矢の数に応じて自分に返ってくる。

あなたが犯した過ちは誰も助けられはしない。与えた苦しみを自分で味わって、その罪が消えるまで……それは続く。

本当に日本人は不安がりだ。

道理を学ばない人は、ただ、未来を恐れ苦しむ。過去の成功を思い出しては嘆き、過去の人に盗られた財に執着していつまでも恨む。

そのため日常が、おもしろくなくお酒や遊戯におぼれ、借金をつくってまた悲しむ。毎日のように家族間で愚痴と苦情の山を築く。愚痴と文句の毎日になんで人生に発展があろう。

なんで、そんな生き方が笑顔を呼ぼう。お金だけで幸せはやってこない。失敗に沈んだ過去をすて、未来に心を向け、希望をもって一歩ふみだそう。

だから釈尊は次のようにいわれる。

「この世において、怨みに報いるに怨みを以てしたならば、ついに怨みの息《や》むことがない。怨みを捨ててこそ息《や》む。彼はわれを害した。彼は私にうち勝った。われから奪ったと思いを抱く人には恨みが息《や》むことがない。怨みを捨ててこそ息《や》む」

世界中で争い続ける国家は過去にとらわれて過去の争いを今に持ち出し、非難する。怨みで怨みを持ちこんで争い続けると苦しみだけが生ずる。釈尊がいわれるように血の争いはいつまでも続く。

怨みを捨てなさい。

過去を水に流しなさい。

日本では水に流すという考え方「人にかけた情は水に流せ、受けた恩は石に刻め」——があるが、ヨーロッパやアラブには少ない。そこでは悲しみが続く。

許すこと、流すこと、光を送ること、未来に顔を向けよう。

恨みを抱きつづけると、病を得る。まず胃と腸がいたみ始める。恨む時お酒を口にしつつ怒りを生じると、必ず肝臓がやられる。

病を得るとますます恨みが深まり、日常の仕事や対人関係に支障が生じてくるだろう。

仕事がうまくゆかなくなる。

深い恨みの森から抜け出すのは、容易ではない。

釈尊のいうように恨みを捨てるためには、まず呼吸法を覚え、人を許してゆかねば、前に進まない。

人を許し、さらにその人に「よき人生を……」と祈るといい。

そして、今ある気になる事やトラブルのあった人々に向けて「あなたの心に光を送ります」という作業ができるようになることだ。

許すだけでなく、その「嫌な人によき光を送ること」が出来るまで、心の余裕を広げることを学ばねばならない。

そうするとあなたが救われるだろう。顔色は良くなり、対人関係は改善され、怒りからくる対立が消えてゆく。

そうして、あなたの仕事が広がり、収入は増えてゆくだろう。
許しなさい。
その人に光を送りなさい。
許しなさい。
恨みを抱きつづけると罪と苦が生じ、この体も傷み、心もねじれてくる。
さあ、心を開いて釈尊のことばをとり入れよう。
恨まず、よき祈りを捧げてみよう。
祈りを覚えることも、学ぶべき良き作業である。
手を合わせてみよう。
もう許してみよう。
「あなたを許します。あなたに光あれ」

9

快の後には苦が控えていると知ろう

釈尊はいわれる
つとめておれ、なおざりになるな。欲情が汝《なんじ》の心を乱さないように。
人が快楽に耽《ふけ》り、官能にしたがい、心のままに動くならば、この世で名誉はいつもかれを捨て去る。

私たちは、快楽、官能に弱い。アジアに行っても、アメリカに行っても、ヨーロッパでも、官能を刺激するものがたくさんだ。
日本でも、テレビにより幼い時から大人の欲情を見せつけられる。こんなにたくさんの心をかき乱す情報に、左右されない青少年は少ないだろう。

この釈尊の警告に接すると、私は昔の大蔵省や外務省の高級官僚たちのお金と欲にくらんだ行状を思い出す。

努力した末に得た地位であったろうに、欲にけがされてしまった。

いつの時代も、どんなに位が高かろうと、どんなに立派な大学を出ていようと、欲情に乱され、心のままに動くならば、いままでの名誉はたちまち、消え去ってゆく。

この法則をよく噛《か》みしめて、小さな欲をこそ踏みとどまらなくては、それまでの努力の人生は泡と消えてゆく。

次の生では、今生のように明晰な知能とよき両親とには恵まれず、嘆き多い苦の人生となるだろう。

快に負けてはいけない。

快の後には、苦いものが同じ量だけついている。

官能に負けてはいけない。

官能の後には、乱れと堕落が必ずくっついてくる。

快楽と官能は、うしろ半分に同量の苦のにがりのついたケーキみたいなものだ。あまりおいしくて、つい食べすぎると、その先の、にがい苦悩まで食べてしまう。

甘いものの後には苦のもとになるにがいものが必ずついていることを知った方がいい。

あらゆるものは、苦と快が同量で成っており、どちらか一つということは絶対にない。これは神が定めたものだ。

これは神が人に求めた行き過ぎをコントロールする為の学びの課目の一つであることに気づこう。

だからすべて、甘い話、うまい儲け話、甘い利益はほどほどに、八分できたら六、七分でおさえコントロールする心を養うようにしよう。

それも早い時代から……。せめて小・中学生の頃から学び始めたい。

釈尊はいわれる。

「たとえ貨幣の雨を降らすとも、欲望の満足が訪れることはない。快楽は短くて苦痛がすぐにやってくると知れ」……と。

この経済社会の仕組みに、人生を壊されてゆく若者と社会の上層部の人々が、増えている。お金を快にかえて、快をお金にかえて、みせかけの繁栄に狂いつつある社会が、狂いつつある若者を造り出していく。

利益がすべての経済原理が、社会を壊して行く。

不正な利益や、誰にも知られず儲けたお金も、自分という天への密告者を通してたちまち世間に知られてゆく。生きるという事は毎日神への報告書作りをしているようなものだ。

不正に得た財と地位はあっという間に自分の元から流れ去って行くだろう。

また多利におぼれた人は、あっという間に苦悩の森に置き去りにされるだろう。

だから、早く、早く不正を改めるといい。

きちんと生きようではないか。

顔を天に向けようではないか。

欲を少なくすれば、快の後の苦いものを食べなくて済むだろう。

10

行いと祈りで自分を清めよう

釈尊はいわれる
「沐浴や祭りごとで人は清められない。
行ないでしか清められない」

水行や滝行や、石や水晶やおまじないでは、自分を清めることは出来ないと釈尊はいわれる。

心が濁ると行いが濁る。濁った心で一時的に清い行為を行っても、永続きしない。

まず心を清めること。人のために良きことを祈ることは大切。人のために祈ることによって心の濁りがとれ、行いがきれいになり清められる。

儀式や祭りごとのような外側の修行では、自分は清められない。

計算のない透んだ心の持ち主こそ最高の人材である。

人々が今、一生懸命やっていることの大部分は、この人生限りという思いからだろうか。私たちの魂は転生をくり返し、今生《こんじょう》なしたことは次の転生でそのすべての罪と良き恵みを自分たちが負うことになるのを知らないのだろう。

多くの人は学歴を競い、知と計算に従い、心の声に従わず、自然の働きや見えない天地の働きに目を向けようとしないで苦しむ。

魂についていえば転生を認めそれを自覚すると、今私たちがしている社会破壊や自然破壊や不道徳や快の追求による動物虐待（肉食、鳥肉食を含み）は、次の転生で逃げた自分の責任になり、次の自分たちの途方もない苦しみと膨大なエネルギーで対処しなければならなくなる。

そのことを知ると、今の生き方や考え方や心のあり方を改めなければならないと解るだろう。

自分のなしたことは次の子供たちではなく、次の転生で生まれ変った自分たちに責任と負担がかかってくるのだと知らねばならない。すべては自分に投げ返される。

私たちが、今、社会や周りの人や自然に投げかけた行為、心（なげやりな思いや、浪費）は将来必ず「自分に返ってくる」という法則にあてはめてみると、慎重になるだろう。よきもの、よき心、善意を環境にも人にも投げかけなくては……自分たちが苦しむだけなのだ。人生に消しゴムはない。なした罪や誤ちは消えない。

名誉や高い地位が何になろう。

そんなものが自分の品格を高めてくれるのではない。

利を追わない心や人を救いたい気持ち、やさしいエネルギー、温かみのあるまなざしこそ、その人のその人生の現われ。

どんなに高い地位にあっても、自分の利に合わないからと、また鋭い理論で人を切って捨てるならば、「徳の人」「人格者」ではない。

人を傷つけて追放してはいけない。やがて同じ苦が自分に訪れるだろう。

たくさんの人と頒ち合い、できるだけ、人の才能に光をあておだやかに生きてゆくのがいい。おだやかな社会を目指そう。

石や水晶があなたの運を変えてくれることはない。

あなたを救うのは、あなたの純粋な行動だけである。

どんなにおがんでも濁った心で自分だけの利を願うならば、それはやってこない……。とお釈迦さまはいわれる。

運の「ツキ」ばかりを求めて、いくら「ツイてる」と言葉にしても、あなたに青信号ばかりは続かない。

濁った心で一時的に好運を願って良い事をしても、永続きしない善行はただの「思いつき」に過ぎない。どこかで「赤信号」に捕まるだろう。

まず自分の心を恥じ、人の為に生きる決心を取り入れよう。人のよろこびが自分のよろこびになることを体験して水行や滝行しなければ、自分を清められない。

自分勝手な願い、財と力の向上を願って水行、滝行しても、得た力や財産と同じ量のトラブルを背負い込むだけである。

まず自分の心を正せ。きちんと生活をし、うその少ない日常を送れば運が変り清められる。我に透明感を求めよ。

11

「高貴な人」は安らかな人生を得る

釈尊は答えられた
生まれを問うことなかれ。行ないを問え。火は実にあらゆる薪《まき》から生じる。賤《いや》しい家に生まれた人でも、聖者として道心堅固《どうしんけんご》であり、恥を知って慎むならば、高貴の人となる。

家柄がいいからといってその人も人格者であるとは限らない。お金持ちだから、家が立派だから、立派な人とは限らない。
地位の高い人ほど、その運が順調な時、何をなしたかが問われる。

自分の私的な利のみを追わなかったか。

怒りの中に身を置かなかったか。

威圧とおごりで人の分まで横取りし、人を苦しめなかったか。

また逆に貧しい時どこに心を置いたかが問われる。

不遇な時、つい不正な金銭に手をつけなかったか。

不運の時、嘆きと他人への非難の中で、身を焦《こ》がさなかったか。

貧を恥じず、賤しき行ないを恥じる心を失わなかったか。

そんな中でさえも、人の病や人の悩みのために祈れる人は聖なる人、貴き人である。

神が与えてくれた貧というチャンスを生かし切れる人である。

貧なる時に頒ち与えることを覚えてゆこう。

弱き人の為に寄附を怠りなくやろう。

他の人の幸を願う心を失うことなかれ。貧と不遇にある時こそ、自分を清めるチャンスである。純であれ。欲のドブに落ち込むなかれ。

周りの人に対して、善の祈り、善の心を持つと、その不運から逃れられる。

嘆きと恨みと不遜の心を拭《ぬぐ》いさるように、善き人と出会え、善き心に出会え、人生を楽しめるだろう。チャンスの神が、きっとあなたの門をたたくことになる。

さらに、次のように釈尊はいわれる
——破滅の人とは——

「理法を愛する人は栄え、理法を嫌う人は敗れる。

自らは豊かで楽に暮らしているのに、年老いた父母を養わない人——これは破滅への門である。

血統を誇り、財産を誇り、また氏姓を誇っていて、しかも己が親戚を軽蔑する人がいる——これは破滅への門である」


今の世にもこの父母を養わない人の話は多い。このことをする人は多い。その人たちの顔はねじれ、ゆがんでいる。

親孝行は人がなすべき大切な人生の仕事の一つである。

財があっても、情がなく親を大事にしない人は、年を経て自分が親になり、老いた時に、同じように誰もその人の面倒を見ようとしないだろう。

するとその人は自分がなしたと同じその行為を怒り、自分の子や孫をののしり始める。

「投げたものが自分に返ってくる」という法則が働く事を知らない。

血筋も家柄も高学歴も、この世の御旗とはならない。良き行いこそすべて。

よき心、よき行い、やさしい思いやり、他者を救う心こそ神を導く御旗となり、神からのプレゼントがやってくる。

自分を改めよ。

いい訳なき人となれ。

自分を正当化するのをやめてみよう。

幸せは清なる心の人にはきっとやってくる。

だから心の高貴な人となれ。

心は安定し、不安なく、怖れなく、尊敬の中で今生を生き抜く人となるだろう。

12

現代人の不安は心の中心軸から離れたところに生じる

釈尊はいわれる
この心は常にあわてふためいている。
この心は、常におびえている。
未だ起こらない未来の事柄についても、また
すでに起こった事柄についても……。」

大正の頃、芥川龍之介も〝漠然とした不安〟を訴えた。現代の経営者も若者も、その深さや質は違ったかも知れないが何かに追われ、あわてふためいている。
物質的にはとても恵まれていても、漠然とした不安に捉われ、あわてふためいてい

る。その深さは違うかも知れないが、何かに追われ、漠然とした不安に捉われ、あわてふためいている。

釈尊がいわれるように、現代人も何かにおびえている。そしてあわてふためいている。それは何だろう。

一つは肉の過食に由るのだろう。肉が動物の持つ「命を絶たれた時の不安」を私たちに伝達することを知る人は少ない。

もう一つは過去になした悪、不正、罪、人に与えた苦しみ、侮辱等々の悪しき業に不安がつのるのだろう。

次に、次々起きる世界的規模の事件を知って、まだ起こり来ない悪しき未来、万が一の事態におびえ、あわてふためいているのだろう。

自分の今生の使命を見つけないまま快と欲に従ってお金がすべてと、地位と名誉を求めて、大学に進んでも、また事業を起こして成功しても、現代人は不安に生きる。

神の意図する純粋性を生きる中心軸にすえると、このおびえと不安は静まってゆく。

この動機の純粋性から遠ざかる分、不安とおびえ、怒りが増えてくる。

先日もある有望企業家の会社を訪れた。その企業家は中国企業の勃興とアメリカの経済不安と売上減少を結びつけ、社員を「能なし！」呼ばわりしていた。檄を飛ばされた社員は励まされるどころか、かえってちぢみ上っていた。社員は新しい勇気や新規開拓の意欲の増進よりも、ネズミが沈没船から逃げるように、その仕事から逃れる自分の身の振り所を探ってしまうだろう。

経営者も、不安にあわてふためいている。

業績の右下がりの責任を部下に負わせ、部下に対する不信と不安により社員をしめつけて、経営者も社員も萎縮している。この結果の行きつく所は目に見えている。人々に勇気と希望を与えなくて誰が能力を発揮できよう。おびえるばかりの人に何が出来よう。

それは生きている間、どこかで善をなし人の喜びに参加すると、平安と安らぎを得るという人間の黄金律に沿って生きていないからである。

神・仏への祈りも、すべて自分のため、自分の家族のため、自分の一族のためだけの祈りであったり、正しいと思ってしたことも、よくみれば自分たちにとって都合の良いことを正しきこととおきかえて、利と功名を貪ってきたにすぎないならば、私たちの魂はそれが不安と怖れの原因となる事を知っているだろう。

中心軸が狂うと国も企業も大きく道からはづれてゆく。

本当に純粋に、一度でも、人のために、自分の利を考えずに、祈ったころがあるだろうか。

あらゆることは、人々の良きつながりの中から生まれてくる。人も動物もおびえさせてはならない。

さらにおびえるものを「旨い」からといって食しては、自分がおびえ始めるだろう。おびえるものを口にしない方が良い。

祈りと人への感謝、それは大切な心の清水である。

この心の清水に欲が入り、荒れると清流はたちまち濁り、「漠然とした不安」が忍び寄ってくる。さあ子供たちに感謝の心を伝えよう。

善行をして聖なる道を少し歩むように学んでゆこう。

人々に何か光あるもの、勇気や希望をもたらし、釈尊の導きの光る足に巡り合うと、心はあわてふためくのをやめるだろう。今、人生の不正を正すと、未来をおびえなくてもよいことに気づく。

そのために釈尊は次のようにいわれる。

「善き人は遠くにいても輝く――雲を頂く高山のように――ひとり坐し、ひとり臥し、ひとり歩み、なおざりになることなく、我が身を整えて、林の中でひとり楽しめ」

たくさんの雑事をとりこまず、シンプルに生きて、独り輝け。雲を貫く高山が朝陽に輝くように、この生こそ、小悟を目指せ。

小さな悟りは、ゆるぎのない安心をもたらしてくれるだろう。

大悟はなかなかやってはこないかもしれないが、目の前の小さな欲の川を渡ることは難しくない。

今、やってくる不正の誘いに乗ることなく、今ある小さな社会不安にあおられることなく、欲の小川を渡れ。ひとり小悟を目指せ。小悟を得ると、あれこれ迷わず、道をさがさず方法論によらず独り歩むことが楽しくなる。

いつかきっと輝く小さな頂きにたどりつくだろう。

時には自然にとけ込むと、この世は人間以外の生命体や、また人間だけの都合でどうにもならない気候や四季の変化があることが解る。

この地球は人間だけのものではなく、また、人間だけが特別な存在ではないと解ってくるからだ。

そろそろこの世には目に見えない不思議な力が存在することに気づいたほうがいいだろう。

しかし不思議な力に頼らず、自分の力と自分の足でしっかりと立って、顔を上げてこの生を歩み渡ろう。

人々を助けよ。

まず自分を正せと釈尊は言われる。

裏山の草原。秋風景

13

心の安定が得られる小悟を目指そう

釈尊はいわれる
真理を説き、輝かすべし。
仙人の幢《はた》をかかげよ、（仙人は）常に善きことを語るを、
旗印としている。

仙人の旗印とは、「善行をなす人という決意をかかげよ」という意味であろう。
善行をなす人でなくても、善行を目指す人間であるという旗印をかかげよう。
周りの人が自分の心意気をどうとろうと、「なんと善人ぶって」といわれようと、
今生少し目覚め、仏の義に従って、善を目指す旗をかかげよう。

少ない一歩でもいい。恥しげでもいい。とにかく一歩……善への道を歩め。

そして体験によって得た善の行為を説いて、恥じることなく、仏足跡を語ろう。

導きを得て、導きに従う心を、少しずつ高めると、光はやってくる。

仙人ぶらなくても、少しずつ仙人色に染まり、信を大切に生きていけるようになる。

そのためにも、小悟を、まず目指せ。小さな悟りは心地よく、心を安定させてくれる。

小悟とは「変らない心」。決心よりも、もっと「深い導き」「揺るがない心」。

登り易く、短時間で、頂上に行ける道をいつまでも探すことを止めよう。道を歩むことなく今生が終わってしまう。

目の前にある石ころだらけで、穴の多い道であっても、休むこと少なく、ひたすら登れば、やがて、光の山頂にたどりつく。

手間を除いたケーブルによる人生の山登りは、浅い体験に終わる。

楽と手間のかからない仕事をめざした方法論で、入口を求めるなかれ。

ＨＯＷ　ＴＯはあとからついてくる。

常に良きことを口にしよう。そのことばを一番に聴くのは自分の耳である。勇気と可能と安心を口にしよう。

一番に救われるのはあなたである。あなたの吐くことばが、あなたを苦しめあなたを励ます。心がよごれることばを吐いては人生が狂う。

早く、強く、パワーをつける道よりも、自分のペースに合った登れる道を見つけたなら、ひたすら登ればいい。

仙人の憧《はた》をかかげ、善を目指せ。

小悟を手に入れよ。

毎日の瞑想と、人のための祈りをかかさず、自分のための祈りをなさず、利よりも信を選ぶ男気を育てよう。

そうして、釈尊はいわれる。

「自らは清き者となり、互いに思いやりをもって、清らかな人々とともに住むようにせよ」

同じ方向に生きる人を見つけよう。心が透んできたならば、良き友が必ずあなたを待っている。

今生の使命と生き方を真摯《しんし》にさがしている友が必ずいる。

良きパートナーを見つけよう。

生活の向上よりも、魂の向上を目指している数少なき人々が必ず、近くにいる。

人は自分と同じオーラや、同じ旗の人にひきつけられる。

パワーある人よりも、静かに、休まず、歩み続けている人が近くにいる。

パワーを求めると、やがて、パワーに支配される。

不可思議を求めると不可思議に支配される。

良きエネルギーをもつ、人を育てる力のある人に従う方がいい。

太陽のように、静かにゆっくりとエネルギーが注がれる方が野菜や植物はよく育つ。

強いパワーよりもやさしいエネルギーの方が、植物も人もきれいに育つ。

ゆるぎなき小悟を目指せ。

14

なぜ、仕事が続かないのだろう？

釈尊いわく
人は〈利を求めて〉自分を与えてはならない。自分を捨て去ってはならない。人は善い〈やさしい〉言葉を放つべきである。悪い〈粗暴な〉ことばを放ってはならない。やさしいことばを口にせよ。荒々しいことばを口にするな。

訪ねてこられる方の中に、「仕事や会社の人間関係がつらい」という方が多くいる。「食べるために今の仕事をしている」という人や、「家族のために今の上司の仕打ちにがまんしている」という人の中に、心のおきどころを間違っているかたが多い。

釈尊はいわれる。「利を求めて自分を与えてはならない」と。

つまり、食べるために嫌々心を売っていて、どうしていい仕事が出来よう。

会社がつまらないだけである。

いやいや仕事をして、どうして人生が楽しかろう。

余った時間をお酒や快楽に費やして、心が休まる訳ではない。自分の人生を投げ出してはならない。

社会が、会社が厳しいからといって、自分の誇りを捨て去ってはならない。本当の自分とは何か、さがさなければならない。

自分の本当にしたい仕事や、なりたい人や行きたい所や、住んでみたい所や、大好きな景色、人々をさがす旅に出ると良い。

向上心を燃やして勉強会に参加してみると良い。

さがし続けて、求め続けると必ず会う人が待っていることを体験する。

希望の灯をともせ。

高くかかげよ。

もう一度。


その嘆きの行為を「自分を捨て去ってはならない」、つまり自尊心や向上心を捨て、魂を会社や利のために売ってはならないと釈尊は諫めている。

心の足の重心を「いい仕事をしていよう。とにかく、今の仕事にベストを尽くそう」とする方向に置きかえるといい。

いやな上司こそ、自分の向上のチャンスメーカーなのだ。その人に出会うからこそ、次のチャンスと自分の欠点も見えてくる。

それに気づくと運がきっと変わってくる。

今のささいな仕事を「つまらない仕事でも熱心にやる」と不思議な落ち着きと運の好転が同時に訪れる。

自分のためにいい仕事をし、仕事に自信を持つならば、上司との争点も自信を持って話せるし、意見が採用されなくても自分のことを認めてくれる。

いやいや仕事をしている人を、重用《ちょうよう》する人がどこにいよう。

仕事を熱心にやって、それぞれに工夫する所をもち合うならば、不思議と自分を囲む環境が変化してくるのを体験する。

誰もが出来る事を誰もがマネできないまでやる……と教えていただいた。

この事をことを続けてみるといい。

変らない筈はない。

キリストもいわれる。人はパンのみに生きるにあらずと……。

食べるためだけに生きているのではない。

何か人生の苦や不運や逆境をのり越えるために生きている。

嫌な上司に光を送ろう。

嫌な上司に遠くから笑顔を送ろう。

嫌な上司の健康を願う祈りを知られずにやってみよう。

きっとある奇跡が起きる……。

嫌な上司や仲間こそ自分の人格を向上させてくれる機会《チャンス》、神の恩寵なのだ。（※恩

寵…神から与えられる無償の賜物）
さあ、光の衣を着て、その人に接しよう。
そう、毎日、毎日、状況に変化が起きるまで……続けよう。

――△――△――△――

私の友である久保さんから聞いた話だが、
美容師希望のある青年がいた。彼は幼い頃から、いつもワンテンポ遅れ、仕事も遅く、しかもきれいに出来なかったが、一つだけすばらしい性格をもっていた。
それは素直さだった。
ある大手の美容院の入社試験の時、だらしのない格好と返事の仕方だったので面接で落とされてしまった。試験官から
「そんな服装と返事の仕方では、あなたをどこの会社も採用しないだろう」
といわれ、次の日、頭も変え、服装もきれいにし、態度も変えて再度面接まで進み、どうしてもここに来たいと……希望した。
前回の面接官たちが偶然その日だけ交代したため、合格してしまった。あとで知っ

た面接の幹部社員は、皆、にが虫を噛みつぶした顔になったという。

ところがである。彼は何をいわれても美容師という仕事が好きな上に、仕事熱心と素朴な心の持主であった。いつも早く仕事をすることが出来ないので、たとえばクシを洗う事や、洗剤の使い方や、諸道具の洗い方等文句をいわれたどんな事も、仕事の手順をていねいに見直し仕事が早くなるように工夫したのである。反発よりも自分修正にエネルギーを使う才能があった。

くじけるよりも、まわりに迷惑をかけない自分になりたくて、いつも先輩の意見に素直になって練習した。それが生き方になり、今では仕事の下手《へた》な人の見本となって、その会社においてなくてはならない存在となっているという。

叱られて嘆くことに自分を向けず、叱られて自分修正に心を向けたのである。その人の生き方に〝失敗の中に未来があり、希望がある〟と教えられた気がする。

まさに「彼なくしては、会社はまわらない」といわれるまで信頼され、指導者の一人に選ばれ、尊敬されている。

その上実に「いい顔になった」といわれている。

果報なことだ。

素直で熱心というのは、すばらしい性質である。

嘆くよりも希望の方向に船のへさきを向けよ。

その上につまらないと思われている仕事もその仕事の先が人の役に立っていると認識すると、仕事に少し生き甲斐を見い出せる。

あなたの仕事が人の幸せに貢献していることを確認するならば、仕事が楽しくなってくるだろう。

あなたの仕事は何ですか？

嘆くことですか。

いつも人と対立することですか。

いつも人を叱ることですか。怒り顔で威張ることですか。

それとも笑顔の人をたくさん生みだすことですか。

15

闇から生まれ、光に赴く者よ

釈尊はいわれた
「大王さま、世には四種類の人がいます。
（1）闇から生まれ闇に赴く者。
（2）闇から生まれ光に赴く者。
（3）光から生まれ闇に赴く者。
（4）光から生まれ光に赴く者。
です」

聖書の中にも、同じ意味のことばを見い出すことが出来る。

つまり、その人の家柄や、血統や、見かけの良し悪しではなくて、何事もその人の心の澄み具合、意欲、気づき、そしてたゆまぬ努力によって、魂に基づいた花が咲くということを言っている。

(1)は貧の家に生まれて、または紛争の国に生まれて、罪を犯し、悪しき人生を送る人をいう。自分の生まれてきた意味と使命を考えることなく欲のままに生きて、他の人も自分も巻き込んで苦の中に沈んでゆく人をいう。

(2)は才能なく、見かけも悪く、背も低く、また貧にあって、チャンス少ない環境に生まれても、向上心と努力と克己心によって、才能以上の才を開き、人に喜びを与え、魂の花を開花させて光の中に死にゆく人をいう。

私はこのことばが一番好きである。

生まれつき、才能があることは自慢にはならない。努力して、その小さな才能を最大に咲かせた人を私は尊敬する。私はそれを「すばらしい才能」と思う。

チャンスの神様は努力する人が好きなのである。

私の所に陶器を学びにくる人にいう。

「不器用でいい。不器用をのり越えると、器用な人よりも、何か味のある器が作れるようになる」と。

本当に、自分の才のなきことを嘆かず、それをのり越えると、作品に不思議な魅力が輝き始める。そういう人を最近はたくさん見かけ、嬉しくなってくる。

「素朴こそ一番」

「努力して走り抜いてこそ輝く」

「素直こそ、最大の才能」であろう。

「続けることこそ、才能の大部分」であろう。

「濁ることなかれ」と祈っている。

(3) 才能や家柄、知能に恵まれても、三・四十代になって罪を犯す人、また学歴高く、官位を極めても、不正をなし、晩節を汚す人がなんと多いことか。

せっかくよき転生の元に、恵まれた両親と時代と稀なる才を与えられたのに、おごりに入り、たくさんの人を苦しめる人は多い。

エイズ関係の不祥事をなした才と学と名誉のあった人々にその例を見ることが出来るだろう。家柄、才能、地位があって不正をなす人の影響は大きい。罪も大きい。ここに生まれた人は、おごりに入り易い。

良き友を求めて、おごりなき人生を歩め。

利よりも信を選び、少し、「聖なる道」に足を踏み出すといい。社会の上にいく程、身ぎれいにしてゆかねば泥の川に落ちるだろう。

(4) 家柄良く血筋良く、才あって、つつましく、天命を知って、使命を果たすすばらしい人も、数少なくいる。

よく、今生の使命を嗅ぎ出し、わき目もふらず、人と人の世と地球の生命のために尽くす人は再び光に赴く。

すべて、その人の気づきと、向上心と、よき心、そして今生の使命に人生をかけることが、魂にとって最大の輝きとなる。

生まれや、環境や時代や運ではなく、すべて本人の気づき次第なのだ。

またどんな人と出会うかも運を左右する。まず自分の魂の輝きの度合いを高めることだ。そしてその輝きの透み具合で良き人との出会いが始まる。

濁り少なき人生を選べ。目と行いの透んだ人を求めよ。

利と欲と快におぼれた人々の輪に入るなかれ。

この世に人として送り出された時の神から与えられた宿題をきちんと果たす人となれ。

悪しき癖と、悪しき性格を修正するチャンスを逃さないことだ。

16

五十歳になったら次の転生に備えよ

釈尊はいわれる
播いた種に応じて果実を収穫する。
善い行いをした人は、良い報いを得る。
悪い行いをした人は、悪い報いを得る。

前項の闇から光りへと同じ意味であろう。自分のなしたことの結果は全部自分にふりかかってくる。それは他の人ではなく、「なした者がなした結果を受け取る」というのがこの世の法なのだ。

同じことをキリストも、マホメットもいわれている。

よく知られた宇宙の大真理である。

善い行いをする人は、人から好かれ、尊ばれ、祝福されて、喜びの中にいる自分を見出す。

人を好きになると人から好かれるという報いを受ける。

人にいつもやさしくすると、その人が不運の時、または勢力がなくなった時、困った時に、良い果報が返ってくる。

人生が順調な時、会社で課長の時、部長の時、もし国家公務員で政務次官の時、その勢いがある時になした悪は、その職を辞めた時、または病を得た時、勢いのなくなった時に、今までの報いがどっと矢の束になって返ってくる。

これは世界中の有名な人のスキャンダルを見てみると、その法則がいつも働いていることを知る。

人を嫌うと嫌われる。

人を好くと人から好かれる。

人を怒ると、人から不評と文句が返ってくる。

人から奪うと奪われる。

人に傷を与えると自分も傷つきおびえる。そして病を得る。

善意を与えると次の善意がうまれて心に喜びが生じる。

ささやかな善意でいいのだ。笑顔と励ましで十分なのだ。人種や肌の色の違いを認めて、共に生きていけるようになるとすばらしい。

今生、存命中に投げたものが返ってくるだけでなく、次生、また次に人として生まれた時に、前世の因縁の結果として、幸運、不運、チャンス、不遇等々の形になって、私たちの来世の人生を襲う。

だから四十を過ぎた頃から、そろそろこの生でなした宿題が次の生に影響してくることに気づき、五十になったら次の転生に備えた生き方をした方がいい。

残り時間は少ない。あわてなくてもいいけれど、急いだ方がいいだろう。

善きことをなせ。自分が人に与えた苦しみを許してもらいたいように、人が自分になした苦しみを許してあげなさい。

この生の残り時間少ない中で、罪の荷を少なくして罪の積み残しのないように……。

人々に善と良き行為をあげよう。

17

悪しき言葉と悪しき行為は自分の憂いとなるだろう

釈尊はいわれる

悪い行いをした時は気をゆるすな。その悪いことがずっと昔にしたことだとか、遠い所でしたことであっても、気をゆるすな。それが、秘密の内にしたことであっても、それの報いがあるのだから、気をゆるするすな。

悪いことをした人は、この世で憂え、来世でも憂え、ふたつの所でともに憂える。

これは、この人の世の大切な、大切な法則なのだ。真理の一つである。

人は、自分の投げたものが必ず返ってくるといっておられる。前項と同じく、何度も何度も噛みしめなければならない。

人に悪意を行うと必ず悪意が返ってくる。

人に文句をいうと文句が、周りに怒りを投げかけると怒りが返ってくる。

投げた矢は二つに分かれ、一つは自分に、一つは相手に向かって飛ぶ。

人を苦しめると、やがて、その矢は自分に向かって返ってくる。

人に投げた矢は、善きことも悪しきことも、全部、返ってくる。

それも、その人が弱った時、つまり、退職した時、退位した時、病に臥した時、勢いを失った時に、善きことも悪しきことも、どっとやってくる。

人々は投げられた矢をすぐには投げ返えさず、お腹にため、その人が弱った時に、投げ返すからだ。

喜びの矢を射った人は、病に伏した時たくさんの善意と励ましと病気からの回復の祈り声となってあなたを祝福する。

それがその人が遠い国でしたことであっても、近い所でなしたことであっても、今生中にまたは、子に孫に投げ返される。

だから人には良き想い、良きことば、希望のことばを投げなさい。

嫌みやバカにすることば、さげすみのことばは同時に自分にも向かい、自分の体をも傷つけてゆき、ストレスとなって一日中苦い思いに苦しむことになる。

人に向かって投げた矢は二つに分かれて飛ぶ。一つは自分に一つは相手に……。だから人を指さして悪しき話をしてはいけない。さし指は天に向かい、人に向い、自分に三倍になって返ってくる。

人にとって人生が順調な時が一番が難しい。

美しく生まれた時、波に乗っている時、登り坂の人生を歩み始めた時、運が向いてきた時、業績が伸びてきた時にこそ、慎重におごらず、いばらず、人のためにやることだ。

また親しき友の諌《いさ》めを聞かず、自分のすることが、すべて正しいと思い始めた時、人生の頂上の九合目に来たと知らねばならない。

すぐに、下り坂は近づき、あなたの背の重い貨車の数が多い程（地位や名誉や社員数や財産が大きい程）、機関車のブレーキは利かなくなり、破運を招きよせてしまう。

すべて自分のせいであり、世間や時代のせいではない。

またあの人、この人のせいではない。

あの時、この時のせいではないことに気づくといい。

すべてあなたのなしたことです。

それに気づくと、また、倒れた樹の根から芽が出てくることがある。


もう一度、噛みしめよう。人が何をなそうとも、なしたことは（善きことも、悪しきことも）自分の人生に返ってくる。

善いことをした人は善いことが、悪しきことをした人は、ストレスとなって苦と病を自分に見る。

人は人になした事は他人からは浄められない。出会いによって気づき、善意によってまた、自分の心の清めと、慈善の行ないによってしか浄められない。

だからいつも感謝の念を忘れないように……。

人々の喜びに参加すると罪が消えてゆく。

18

人は自分の利の為に生きると苦の荷が重なる

釈尊はいわれる

人が何をしようとも、その報いが自分に起こるのを見る。善い行いをした人は良い報いを見、悪い行いをした人は悪い報いを自分に見る。

キリストもいう。

命の門に至る人は、ラクダが針の穴を通るよりも難しく、少ない……と。

私たちは肉体という欲の殻をもらうと、魂があることや、心の内なる良心があることを忘れ、体の快の欲求のみがすべてと思って生きる人が多い。

すべてが脳によって決まるという科学者も多い。

その人たちは多くのまちがいを犯している。

人々の良心や善意を信じないがゆえに、社会に混乱をもたらしている。

今の日本の社会の乱れは善意や魂や良心を認めず、目に見えるお金と欲だけの脳の世界が人の心のすべてと思っていることによる。

食欲も性欲も所有欲も、名誉欲も、すべてが魂の欲求と異なることが多く、魂の欲求にはずれた分、トラブルと顔のゆがみの中で人生を生きることになる。このことは周りを見てみると分かるだろう。

いつも打ちひしがれた人、才があって騒々しく「驕」に生きる者、それぞれ良心の赴くところを知らず、欲のコントロールを覚えず、自分の都合と自分の利のために生きる人は、人々と対立することによって必ず行き詰まり、トラブルと非難に遭遇する。

その典型は一時、自分だけの欲に生き、世間を騒がせたある国会議員に見ることが出来る。が、彼も、気づきにより、残る人生をどう輝かせるかは、まず自分の今の欲を大部分そぎ落とすことから始まる。

どうか気づいて欲しい。

あなたは人の悲しみや心と体の傷つきを何とも思わず、低賃金で一日中働かせ、自分は高級車に乗る経営者の為に自分の人生を捧げたいだろうか。

その会社の製品を広めたいだろうか。

自分は偉いと学歴を誇り、部下や家族をバカ扱いして、叱りとばす上司や経営者を尊敬するだろうか。

その人への協力を惜しまないだろうか。

良心のない人達の集りには対立と争い、さげすみ、どなり合い、奪い合いはあっても、協力や讃辞、笑顔や生き生きとした希望はないだろう。

自分の利のみに生きる人は、孤立からくる不満と他人への怒りの中で「うまくいかない人生」に苦しむことになる。

あなたの心の澄み具合と、行いの澄み具合によって（自分ばかり楽しみ、自分ばかり利を得ることをするならば）次の世は地獄を見るし、（人に喜びを与え、いつも人生の苦の荷を少なくして生きるならば）天国に行けるだろう。

善い領域に赴く人は少ないと賢者達は警告している。

しかし、この二十一世紀に入って、このことを学び、改めようとする人は、確実に増えていると感じる。

濁った人生を一気に澄ませることは難しいが、気づいた時から、自分の濁りの人生の河に良き人との出会いという清水を取り入れるならば、徐々に、人生の河は澄み始め、生活は向上し始めるだろう……。

「今生でさえも（気づきと心のレベルを高めれば）聖なる者に見出される」と励まされた覚えがある。

19

恥じる心のない人は賤《いや》しい人と言えるだろう

釈尊はいわれる

「賤《いや》しい人とは」

証人として尋ねられた時に、自分のため、他人のため、またはは財のためにに偽りを語る人。

自分を誉めたたえ、他人を軽蔑し、自らの慢心のために楽しくなった人。

人を悩まし、欲深く、悪いことを欲し、物惜しみをし、あざむいて徳がないのに敬われようと欲し、恥の心のない人を賤《いや》しい人と知れ。

釈尊が「この世の賤しい人とは？……」と尋ねられた時、まず挙げたのが、法廷で証人として偽証する人である。それも、自己の利益のため、財のため、地位を守るために偽る人を賤しい人という。

大体財あり、地位あり、名誉あって、証人として立つ人はお金の為会社の為、又は祖組織の為、先輩の為に偽りを語る。

その人達は社会的地位も高く、世の教養人とみなされ、学歴の高い人が多い。現代はそういう地位の高い人々が潔《いさぎよ》くなく、良心に基づかず、今生、濁って生きる。

昔の日本人はそれを〝恥〟ととらえていた。

今は恥の教えが廃れてしまった。

日本人の美徳だったのだが、復活させねばならない。それは人として恥かしいことなのだ。

大きな会社も国の省も訴えられたならば真実を見ようとせず、ただ面子を保つ為に偽る。そして「まだ訴状を見てないのでコメント出来ない」と……安い印鑑のように同じ答えを流す。

そのコメントをする大人の顔は能面の顔をし、心の罪を隠して生きる。辛いだろう。

きっと心の中で「仕方がないのだ。負けられないのだ……」

「上司の命令だから私が出るしかない」

「ここでゆずるとヅルヅルと負けてしまう……」等々、

自分の都合の悪しき葛藤に苦しんでいるのだろう。

その証拠に生き生きとした顔ではなく、ふくれっ面で新聞に載る。せっかく大変な勉強をして有名大学を出ても、悪をなせば今までの勉強は意味を失ってしまう。

ただ地位と名誉だけを追って努力する人は虚しい。

国や県の選挙が始まり、各立候補者の演説を聞きにゆくと、まさしく釈尊がここでいっておられる、「自分を誉めたたえ、他の党を軽蔑し、慢心一杯」の人が立候補していることが多い。

社会に尽くす決心、徳がないのに、財と地位によって敬われようとする。自分になびかない人を憎み、排除し、また同じ賤しき人とつきあい始める。みな利のある方につき、正しきから離れ、混乱を起こす。

私たちは何世紀も右に揺れ、左に揺れながら、少しずつ釈尊の教えに近づかざるを得ない。釈尊が出られて二千五百年もたつというのに、人の心の進歩は遅い。だから釈尊は、二千五百年も前から次のような人を目指せといわれる。

――執着心薄き人を目指せ――

釈尊はいわれる

足るを知り、わずかの食物で暮らし、雑務少なく、生活も簡素であり、諸々の感官が静まり、聡明で高ぶることなく、職者の非難を受けるような下劣な行ないを決してしない〈人を目指せ〉。

常に戒を身に保ち、智慧あり、よく心を統一し、内省し、よく気をつけている人こそ、渡り難い欲の激流を渡り得る。

さらにいわれる。

「現世も望まず、来世も望まず、欲求にとらわれない人。この世の禍福いずれも執着なく、憂いなく、汚れなく、清らかな人。敵意ある人の中にあって敵意なく、執着する者どものなかにあって執着しない人。前にも後にも中間にも、一切を所有せず、すべて無一物で何ものをも執着することのない人」

こういう人を目指せと……。

そうするならば光明が訪れ、今生も来世も福に見まわれる。

釈尊は護摩だきをしろとか、滝行をしろとか、長い断食をしろとか、お経を毎日あげろとはいわない。

日常生きる中で五感を鎮めなさい。

怒るなかれ。

たくさんの食を求めるなかれ。

聡明でありなさい。

気高く生きなさい。

欲と貪りを少なくし、いつまでもだらだらと眠ってはいけない。

人の為に尽くしなさい。

いつも人の役に立つことを考え行いなさい。

人の喜びに参加しなさい。

自分を傷つけた人を許しなさい。

良き祈りをあげなさい。

清明な人になりなさい。

いつも戒を想い、瞑想に励みなさい。

するとよく心は統一され、世の流れに右往左往することがなくなり、いつも澄んだ意思と澄んだ瞳で人を見つめられるだろうといわれる。そして不可思議な現象や超能力みたいなものを探求せず、そういった力を望まず、身につけず、不可思議な力に頼らず、正しい生活と努力をしていつも感謝の心の透明感を大切にしなさいといっている。

わずかな食事と簡素な生活だけで十分であり、頭脳の良し悪しよりも、素朴に生きられる力の方がなんとすばらしいことか。

二宮尊徳が「この秋は雨か嵐か知らねどもわれは今ある田の草取るなり」と詠まれていたが、すばらしい胆力と落ちつきではないか。未来をあれこれ思い煩わず、毎日をきちんとこなし、未来の変に備える方が心が揺れなくていい。

今を漫然と過ごしているならば日の暮れは早く、なんとなく一日は過ぎてしまう。今日も明日も同じように時間は飛び、十年、二十年は台風の風に乗った破れ紙のように舞い散り飛び去っていく。

大きな病を得て生命を半年と区切られた時初めて一日は充実し、真冬の最中に木々の芽吹きを見て感動する人が多い。命を限られてそこで輝くのもすばらしい。それでもいいが、その前に気づいてほしい。

人に役に立つことに目ざめ、「ありがとう」とたくさんいわれるようになると、太陽の光、緑の光線、若葉、紅葉の美しさ、そして移りゆく季節のうつろいを愛しく感じ始める。

草の下にも枯れ木の中にも命がひそみ、大木の木陰にも小さな白い花が五弁の花を拡げ、すべての生きものが今を精一杯生きていることに気づく。

あまり健康で順調であるとその幸せに気づかないで、ありきたりの日常をただなんとなく、幸せなのか不幸なのか、不満の中で過ごしてしまう。

神が与えてくれる大きな病、挫折と失敗と苦情という試練、その心と体の傷みこそ、あらゆる命がともにこの地上に生きていることを教えてくれる。

人間だけが特別ではない。この大自然は人間のためだけにあるのではないのだから、河をコンクリで固め、道をアスファルトで固めつくして、日本中から鳥やトンボや蝶を追い出して、夜も明るいビルとネオンの山が楽しいのだろうか。ただ悲しいだけではないか。砂漠の街、欲望の都市ラスベガス、私はあの街を「ワンダフル!!」と思えなかった。

人だけが特別なのではないのだから……。

いつもやさしい瞳を人にも草にも、虫にもトンボにも向けたいものだ。

釈尊はさらにこういわれた。

「バラモンよ、木片を焼いたら浄らかさが得られると考えるな！ それは単に外側に関することであるから、外的なことによって清浄が得られると考える人は、実はそれによって浄らかさを得ることは出来ない。常に心を統一していて私は清浄行を実践する」


「バラモンよ！　善にして真っ直ぐな人々を敬え」

と釈尊はさとされた。

体の外側の行では人は清らかにならない。身を飾り、ベンツを乗り回し、ローレックスで外側を固めても内はぐらついている。

洗い立てのシャツで清潔な人ほど美しい。

顔を上げ、瞳を天に向け、親を敬う人ほど輝いている。

内を清めよ、心を清めよ、行ないを清めよ、
といわれる。中心軸に添った生き方を求めよ。

20

人の過失を追いつづけると顔にゆがみが生じ始める

釈尊はいわれる
他人の過失は見やすいけれども、自己の過失は見難い。人は他人の過失を〈風に向かって〉もみがらのように吹き散らす。
他人の過失を捜し求め、常に思いたける人は煩悩の汚れが増大する。

他人の頭のハエは追い払い易いが、自分の頭のハエは追えないとよくいわれるように、自分を改めることは難しい。

特に気に入らない人に注意されると腹立たしくなるだろう。

他の人をあれこれ評価するくせの人は、逆に自分がどう見られているかが気になり、他人の目、つまり他人の評価を苦にしてしまう。

やがてそれが苦になり、仲間を嫌い、友を失い孤立の道を歩む。

もしそんな自分に気づき、そんな自分が嫌になったら、他人に善意をもつ練習をしよう。他の人が元気で笑顔に満ちていることをいつも心に願うことをやってみよう。

心に浮かぶ悪しき感情や性癖をのり越えることを今生の課題としよう。

今生、できる限り「嫌な人」を少なくする練習をしよう。人を許し、人の幸せ、成功に拍手を送ってみるといい。きっと人生の方向が変り始めるだろう。

釈尊のいわれる、「悪しき煩悩の汚れ」の行きつく先は、結局すべての苦が自分に集まり、自分に対する評価が厳しくなり、それを知って自分の顔がしかめ面になってくる生き方の人であろう。

いつも他人の欠点や失敗が気になって、そのことが許せなくなる自分に光りをあて、あまりに他人を責めず、他人と自分の二つの苦を除いてゆこう。他人に投げた矢はやがて自分に返ってくる。

他の人に厳しい評価や傷つけるような言葉、感情を投げつけることをやめるがいい。

そうするとあなたが救われることを知る。

そうすると笑顔が生まれ、今まで嫌だと思っていた人の行動が気にならなくなり、人生の車輪が良き方向に回り始めることを体験するだろう。

笑い話だが、私の地元熊本のある大手の会社の裏社員則に「大きくののしれ、他人の失敗。ひっそり隠せ、自分の失敗」というのがあると聞いた。

もし、それが社員に行き渡ると、その会社はギスギスした雰囲気の中で、やがて部内対立が日常化してくることだろう。

過失にはとり返しのつかない過失と、とり返しのつく過失があることを知ろう。よく注意して他人を責めず、とり返しのつかない過失を犯さなければ人生は楽しい。

あなたは輝き始める。

21

主張のみの議論は虚しい

釈尊はいわれる
欲にひかれ、好みにとらわれている人が、どうして自分の偏見を超えられるであろう。彼は〈いつも〉自ら自分が完全であるとみなして、知るにまかせて語るのであろう。人から尋ねられたのではないのに、自分で自分のことをいいふらすのであるから、「下劣な人」である。

時に、ＴＶに目を奪われることがある。

ＴＶ討論会等で早稲田大学の教授たちが出て持論をくり返し、相手をあげつらっている番組を見た時、釈尊のこのことばが浮かんでくる……。

釈尊は「議論をふきかけられても、応じるなかれ。相手に論で勝っても、感情まで納得させるのは難しい」と二千五百年前にいわれている。

なぜなら、釈尊のいわれる霊的なことや心の働きの法則のようなそのことが正しいかそうでないか、立証し難いことは議論をしても無駄であり、体験しか人を納得させることはできない。

早稲田の教授は、人の行動は脳に支配され、霊的な現象はそれはただ欲と好みに捉われた偏見にすぎないという。

自分と自分の論は完全であるとみなして、ただ過去の学習と本によって得た知識にまかせて喋っているに過ぎないように思った。

それを空論というのであろうか。

実体験に基づかず、本のみの知識に依る説は虚しい。

人から尋ねられて自分のことをいうのではないから、それは自分の頭の良さ、知識の広さの自慢、つまり自分の知をいいふらすのであるから、その論も、その人も、下劣な人と釈尊はいわれる。

人格に地位や名誉や財の有無は関連しない。その人に対する軽蔑のまなざしと、泡を飛ばす口元を見れば解るものを……。TVを見るより静かに瞑想の時を過ごす方がいい。

さらに釈尊はいわれる

「見たり、学んだり、考えたりしたどんなことについても、賢者は一切の事物に対して敵対することはない。一方、世人は皆、自己の説を固く主張して、他の教えを劣ったものだと説いて敵対する。

『われは知る、われは見ない』ということに執着して論ずる人は、自ら構えた偏見を尊重しているので、彼を導くことは容易ではない。

自分の依拠《いきょ》する事柄のみ適正であると説き、そのことのみ清浄となる道を認める論者は、それは（現象を）一方的（方向からのみ）に見たのである。」

秀才といわれてきた人が知識によった理論で相手を論破する時、すでに負けていることに気づいていない。

釈尊はいわれる、皆自己の説が一番かわいく、一番正しいと思いなす。

現代の私たちは本でもって（体験できないことを）知る。我は書物や映像でもって体験したと錯覚して、それが事実であるかのように見る。自分が体験しないことを人に伝える人は頭善人、口善人……と言われる。

だから体験と挫折を伴わない知は、それが国によって、気候によって、各地の植生が違うことを知らず、同じ秋でも、冬でも地球上の場所により、太陽の位置の高さが違うことを体験せず、一律に感情で論じてしまうに似ている。

人皆それぞれ魂の透明度も色も輝きも違うことを知らず、一くくりにして現実を論ずる論者は学者ではない。人を権威で導こうとして、自分は偉いといつもグリーン車を要求してくることだろう。

人格は論の格調をも高める。つまり使われる言葉が美しい。少しくらいの悟りがあっても先人の歩みは清く高く、及ばないことを知って自分を賢者とみなしてはいけない。

少々の悟りや少々の神通力では釈尊やキリストに遠く及ばない。少々悟ってもまだまだ……まだまだである。

六十歳にして一から出直し、八十歳にしてまた一から出直し、次の転生でまた一から出直し、怠けることなく、おごりに気をつけて止まること少なく七世は……歩めと言われる。

工房で器を天日乾燥しているところ（春）

22

悪しき行いは、自分自身を一番傷つけると知ろう

釈尊はいわれる

身体によって悪行を行い、ことばによって悪行を行い、心によって悪行を行う人々がいる。彼らにとって、自己は愛しからぬ者である。

なぜ他人になした悪行なのに、お釈迦さまはそれがなされるのは自己が愛しくないからだろうといわれるのか。

それが自分が投げた心、なした行為、吐いたことばは……投げた者のところにすべて返ってくるという法則をいっている。

人は怒りにある時、また自分の罪を指摘された時、身体によって悪行を行い、同時に言葉によって怒りの思いを投げつける。

釈尊のいう「自己は愛しくないのだろう」というのは、その行為によって一番傷つくのは悪しき行為をした者であり、悪口を人に投げつけた者であることをいっている。なぜならここに神は、二つの法則を巧妙に仕込んでいるということを人は知らない。それを釈尊は私たちに教えている……。

一つ目は、言葉を吐いた時、また行いをなした時、その思いの矢は二つに分かれて飛んでゆき、一つは相手に、一つは自分の心と体にささるのです。

投げた人も受けた人も、投げたものがよきことであれば充実感を、悪しきことであれば自分にストレスという形で胃や腸や心臓にささってゆきます。

二つ目は、相手になした行為や思いは天と地の心に蓄積されあなたの人生の機が熟した時に、その時と同じ相手の苦しみ、悲しみ、または喜びや感謝をあなたが味わって、その業《ごう》が消える……仕組みが隠されています。

あなたのなした善《よ》きことも悪しきことも、二つの矢になって飛び、それをまた二回苦と楽を味わうのです。

ですからお釈迦さまは愛《いと》しき私たちの為に苦を除き善きことをなせ。

善き言葉を投げよ。

善行は、あなたにたくさんの恵みをもたらすと説いているのです。


あなたが経営者なら、あなたが上司なら、決して部下に「バカタレ」や「能なし！」「やめてしまえ！」ということばを投げてはいけません。

あなたの顔と心がねじれ、やがてガンや糖尿、そして膠原病や心臓疾患となってあなたを訪れるからです。

どうか周りの人々をみて実証されてみられるといいでしょう。

すべて発したことばは、最初に自分の耳に入る。口に一番近いのは自分の耳なのです。

また毎日のようにことばによって人を傷つける人は、相手が変わっても自分の耳は交代せず、耳から、目から、毎日直接心へのパイプを通して悪しき言葉、悪しき感情、悪しきエネルギーが身体と心の奥に流し込まれる。

それはセメントよりも重く、熔けた鉄のように流れ込んでは硬く固まり、あなたを苦しめる。どんな人も、どんな時でも、どんな頑強な体でも、その悪しき鉄のようなかたまりの勢いには勝てない。

どんな巨大なダムであろうと、溜まりに溜まった大量の雨水にはひとたまりもないように、その怒りの鉄は私たちを脅かす。

善行は雨と嵐を鎮める、青空である。

やさしき心は花を咲かせ、実を熟れさす太陽である……と私は想う。

だから自己が愛しいならば、今生気づいた時から、怒らず人から奪わず、頒《わか》ち与えて生きてゆくことを目指そう。

そうすると、希望と健康と長命、それに何よりも安心が与えられる。

23

金色《こんじき》のカナヅチを与えられて…生きてみよう

釈尊は説かれた

非難されてもくよくよしてはならない。賞賛されても高ぶってはならない。

いろいろ言い立てる世俗人に辱められ、その不快なことばを多く聞いても、荒々しいことばを以て答えてはならない。

傲慢でなく、詐《いつ》わりなく、悪口をいわず、怒ることなく、眠りとものぐさとふさぎ込む心に打ち勝て。

私の工房にある貼り紙
「どんなに人々から賞賛されようと決しておごってはならぬ。今こそ、さらに謙虚に努めよう」二〇〇〇年正月。

今の私は、心当たりのない非難には動じないが、覚えのある時の非難には心が傷つく。

やはり自分が正しいと思ってしたことでも、自分の都合で正当化していることがあるからだ。また人から持ち上げられても、高ぶってはならないという。

非難された時は落ちついて拒否をせず、その非難を受け入れて自分の修正にエネルギーを向けよう。

相手の不快なことばにいちいち応じないように、呼吸法と瞑想を覚えてゆくとこれを乗り切れるだろう。

腹が立った時こそ荒ぶらないで、ゆっくりと落ちついた話しぶりになるように練習すると、不思議と争いの輪から脱けられる。

赤い色を投げつけられても赤い色で応じず、透明な気を保つと、赤はただ私を通り抜けてゆく。罪は怒る人、赤を投げつけた人に残り、自分は罪をつくらないで済む。怒りなく生きるように心を高めてゆこう。

そうするとだんだんふさぎ込んだり、大きく落ち込んだり、他の人のことばの刃に心が傷つかなくなってゆく。

瞑想を覚えると、柔らかい豆腐のような傷つき易い心でも揚げ豆腐程に表面は堅くなり、ことばの刃に対しても心が壊れ難くなる。

つまり、少し強くなって落ち込むことが少なくなってゆくことを体験する。

すべては無常であり、時とともに変化し、壊れ、再生してゆく。

良きことも悪しきこともどんどん流れてゆく。楽しいことも辛いことも、時の船に乗せられて海の彼方まで流されてゆく。それはやってきて、それは去ってゆく。

だから捉われないで四季の季節の移りゆく美しさをめでて、時の移りゆくさまを楽しんで生きるようにすると人生は楽しい。

24

欲望のままに生きた人は罪に悩むだろう

釈尊はいわれる

欲望に基づいて、生存の快楽にとらわれている人々は解脱しがたい。彼らは欲望に溺れて、吝嗇《りんしょく》で不正になじんでいるが、死の時に苦しむ。

「ここで欲のままに死んで、我らはどうなるのだろう」と……。

それ故に、世間で「不正」であると知られているどんなこともなしてはいけない。「人の命は短いものだ」と賢者たちは説く。

生存の快楽の下《くだ》りは解り易くいえば、「いつまでも死にたくないと死を拒否する人々」のことをいっている。

現代医学は人をなかなか死なせない。もちろん誰も死を急ぐ人はいない。しかし生に執着し、老いを拒否しても、それは自分の領域を越えるもの。とても不死を得ることは不可能。

不正になじみ、自分の都合と自分の欲のみを果たし、人の役に立つことも拒否してきた人は、死にあたって釈尊のいわれるように「ここで欲のままに死んで我らはどうなるのだろう」と思い、今までなした罪に悩む。

現代もこの生き方で死に際して、罪の積み残しに悩む人は多いだろう。

釈尊の時代も、変わらずそういう人がたくさんいたのかなと思わせる。

本当に人の命は短いものだ。四十年、五十年、六十年もあっという間だった。強風に飛ばされる秋の枯葉みたいなものだ。いくら枯木にしがみついても、あっという間に風にさらわれて、去りゆく所さえ分らない。

不正になじんでお金をたくさん持った人は、人の傷みと悲しみと喜びの区別がつかなくなっていることが多い。

少し貧くらいが丁度いいのだが、不安から人は皆お金持ちを目指す。しかし釈尊がいわれるように、不正であると知られるどんなことにもなじんではならない。それで蓄財してもたちまち失われてゆくのを経験する。

不正で得た蓄財は軽く、感謝がない分、いくら貯めても割れガメから少しずつ漏れるように、財も金も地位も漏れてゆく。また不正で貯めた金は手元においておくのが辛くなるという。そして心が苦しむゆえに大きな買物をしてしまう。生き金とは、自分や自分の家族のためでなく、また自分たちの快のために使うのではなく、他の人々の喜びのため、弱き人々のために使うお金をいう。

そうするとそれはまた冬の日に、居心地の良い陽だまりに人が集まるように、その人々を暖める為に必ず帰ってくる。

死に金は自分の身を飾る服や車や豪華な会事《しょくじ》や銀行に使われたお金をいう。それらは自分の快との交換で青天の泡雪のように消えてゆく。

陽だまりを求めて帰りくることはない。さあ生き金の使い方を覚えてゆこう。

25

快楽から怖れが生じてくる

釈尊はいわれる
快楽から憂いが生じ、快楽から恐れが生じる。快楽を離れたなら憂いが生じない。どうして恐れる必要があろう。
欲情から憂いが生じ、欲情から恐れが生じる。欲情を離れたならば、憂いは生じない。どうして恐れる必要があろう。

今の物質万能の時代にあって、文明国に住む人々はアメリカのような快適な生活を求め、便利な日常を常とすることに疑問を抱かなくなっている。

環境を守る為とはいえ、昔のように不便を望み、車も地下鉄も飛行機もバイクも使わずに遠い隣町に行く人はほとんどいないだろう。

私も東京には九州から飛行機に乗る。リュックを担いで九州から東京まで歩いて陶器を売り歩くことはしない。コンビニにも行く。近くのよく品物の揃ったスーパーへの出入りも日常的であり、快適な生活は心地良い。

田舎に住み、田や畑を耕し、日常の生活のほとんどを自分で調達できるようになれば、釈尊のいう憂いは少なくなる。

生きる上の、また便利という快のほとんどが、他人の手で作られたものを、お金を通して得られるというシステムの上に成り立つ文明生活は、便利と交換の為にお金が必要となりお金が苦しみのもととなる。それが現代人のストレスとなってゆく。自分が製作にかかわったところのない服と靴をお金と交換しながら生きてゆく。

いくら土・日を休んでみても、土日を温泉で過ごしても、都会で心地良さや便利な生活の中で生きるならば、ストレスという憂いはなくならない。

都会においては、部屋の中は机も電灯も窓もペーパーも服も靴もすべて人の手の加工によるもので、自然のままの物はほとんどないからだ。人によって加工された物ばかりに囲まれると、無機的なものから人はストレスを受ける。ストレスに囲まれて心が安らぐことはない。

だから月が美しい、桜がきれい、青い空が楽しい、夕焼けに涙する、朝日に胸が躍るという、人の手にならないことに感動すると、人の心に情が生じてくる。

人の都合によらない世界に月に一度は身を浸すことが大切でそれは心をやわらげてくれる。

慈しみや情感という意味がわかってくる。

経済原理が行き渡ったアメリカや日本において、お金という快にとらわれた人の苦悩は深い。一度お金の快、経済の数字の魅力にとりつかれると、お金の数を数える喜びと同時に、減る恐怖におびえ始める。

一度増えた数字の高さを落としたくない人々がこの世を支える。

この地球の自由社会が欲をお金に換え、お金を欲と快に換えて繁栄を目指す。売上げと数字にとらわれる人々は不安の壷に投げ込まれて、大騒ぎ、小騒ぎしてゆく。

少し数字から離れ、人の心、人づき合い、人のつながりでも生きてゆけると知った時、数字の快と不安から解き放たれる。

お金は万能ではない。

新宿や渋谷の裏に渦巻く欲の世界から遠ざかることが出来れば、その欲につき動かされることがない。

心に良きエネルギーを持つことが出来るようになれば、顔はいつも爽やかで、素食の毎日が心地良く、静かで心が落ちついてゆく。

人は肉体の快を目指すけれども、心の快にまさるものはない。

なぜなら心の快は肉体をも癒してくれるからだ。さあ、心も体も生き方も体重を落としてゆこう。

自由と身の軽さを楽しむ事ができるようになるだろう。

26

元気付け、励ますことばをたくさん語ろう

釈尊はいわれる
自分を苦しめず、また他人を害しないことばのみを語れ、
好ましいことばのみを語れ、そのことばは人々に歓び迎えられる。
真実（のことば）は実に不滅のことばである。
偽りを語るな。

自分のなしたことのみを語る時、議員演説のように自慢の実績のみを喋るならば、

それはただ自分の力の誇示、業績の自慢に終わってしまう。

ではどんなことを口にしたらよいのだろう。


そこで釈尊はいわれる。

「自分を苦しめず、他の人を傷つけないことばのみを語れ」と……。

それは具体的にはどんなことばであろうか。


釈尊が教えられた時代から二千五百年の時間を経、私たちは生活がすっかり変わってしまった。車があり、TVがあり、大きな船があり、空も地上も、海の上も、人々は風のように飛び、走り、すべる。

食べ物も冬にあっても、遠い何千キロも離れた国の春の野菜も口に出来る。

大昔は見たこともない、聞いたこともない物も世界中のだれもが口にし、目にし、耳にすることが出来るようになった。今子供たちは着る物にも困ることなく、食べ物に飢えることなく、住む所に困らず、いってみれば何一つ不自由しなくなってしまった。

今私たちの日本は平和で穏やかなはずなのに、なぜか、こんなに事件が多く、苦しんでいるだろう……と嘆くことが癖になっている人は、しっかり戒《いましめ》を持ち、上にも下にも右にも左にも「好ましいことばのみを語れ」といわれる釈尊に従ってみよう。

きっとあなたの心のレベルに応じて、周りの人々や仕事の内容、つき合う相手が変わってくることを体験することだろう。

日本も捨てたものじゃないと若い人に期待をはじめるだろう。

では釈尊のいわれる好ましいことばとはどんなことばであろう。

釈尊の時代から生活レベルも、情報レベルもすっかり変わってしまったが、多くの人から歓び迎えられる好ましいことばがある。それを考えてみよう。

一、人を励ますことば

二、その人の魂を高めるようなことば（祈りのことば）

三、その人の運を高めるようなことば

四、その人を健康にするようなことば

五、病気が治るようなことば、傷みと苦が軽く、そして苦がなくなるようなことば
……である。それぞれ自分で考えて五つづつとり上げてみよう。

否定的なことばや、誇りを傷つけることばや、人を傷つけることばは私たちの運気を削ぎ、苦と悩みをもたらす。このことを知って、良きことば、良き例をいつも口にするならば、多くの人々から歓び迎えられる。

私たちの日常に持ち込んでならないのは、「真実をごまかす事」と戒めておられる。現代の日本の多くの大臣達は自分の身を守る為、真実を語らない。国の為でなく自分の党と自分の地位を失われない為に偽り語る人は世間の応援を失うことになるだろう。


では釈尊のいわれる他人を害することばを考えてみよう。
一、怒りに満ちたことば
一、嘘、いつわりのことば

一、軽蔑のことば
一、中傷や恨みのことば
一、人を嫌うことば

それはどんなことばか具体的に紙に書いてみよう。自分が言われたくない、傷つくことばがたくさんあるだろう。それを日常の対人関係に持ち込まないように……目ざして生きよう。

するとあなたは光り輝くだろう。

熊本の北外輪の果てから見た阿蘇山
「涅槃像」といわれる

27

賢者は謙虚の中に生きる

釈尊はいわれる
もしも愚者が、自ら愚であると考えれば、すなわち
賢者である。愚者でありながら、しかも自ら賢者だ
という者こそ愚者である。

ほめられると私はすぐに、「私もたいしたもんだ」と思う。なんというなさけなさ。

私のような愚者は、地位や表彰や昇進を与えられるとすぐに、「たいしたもんだ」

と思ってしまう。

「まだまだ……」

「もっともっと頭を低くしなければ」

自分はたいしたことない。先人や先輩はずっと自分の先を歩んでいたと思いなす人は、謙虚でいつも静かで自慢話は一切ない。そんな人は釈尊のいう賢者である。

毀誉褒貶《きよほうへん》に惑わされるな。
毀誉褒貶を求めて仕事をするなかれ。
毀誉褒貶に心を奪われることなく、ひたすら謙虚に生き
よき仕事をなせ
感謝を忘れる人になるなかれ

あまり派手な花火を打上げる者は愚者である。
人を威圧したり、恐れさせたり、自分を拝ませたりする人も愚者である。
心におびえがある。
いつも腹を立てている人は一人になるとうろたえる。
いつも忙しくしていないと気がすまないのは不安だからだ。

人からのほめことばと賞賛こそ、神の警告。そして同時に励まし。

自分が賢者の代表のつもりで「大学の先生」を称したら、その人は自ら愚を自慢しているようなものだ。

少し世間に知られ名が売れたことで、自分を偉くなったと思い込む人は愚者である。

他の人から偉く見えることや賞賛は、金色のカナヅチだといつも思っている。

ほめられる度にカチンカチンと頭をたたかれ、のぼせることなきように、コツコツと金色のカナヅチで心を打たれる私にとってのこの神の金色のカナヅチは、励ましと警告。

お前は愚者であるのに、自分で賢者だと思いなしていると……頭をたたかれる。頭をたたかれると私はすぐにグシャグシャとなってしまう。だから私は愚者である。

さらに釈尊はいわれる

「賞賛してくれる愚者と、非難してくれる賢者とでは、愚者の発する賞賛よりも、賢者の発する非難の方がすぐれている」


人は自分にない才能をもつ人にあこがれる。

人は自分にない強さをもつ人についていこうとする。

ただ、運に恵まれて、人々に名を知られただけなのに、名が知られただけでもすごいと賞賛してくれる人がいる。

日常の行いが透んでなく贅沢ならば、すぐに運は落ちる。心して感謝の中で手を合わせ、生き続けるようにすると安らぐ。

ただ祭り上げられて、先頭に立っただけなのに、リーダーと思われてしまう。

もちろん、人は運によって隠れた才能が芽を出すこともある。

また、隠れて努力しつづけたことが、目の前の大木が倒れたお陰で太陽に見出されたこともある。

チャンスの神様は努力する人が好きなのだ。

人は運に乗り、勢いがつくと磁石の磁力が増してきて、周りの雑多な鉄のクズも引き寄せる。その時に、おごりに入ると、批判と非難がうるさく感じられるようになる。その人はまもなく下り坂に向かうことになるだろう。

だからいつも瞑想して心を騒がせず謙虚になっていること。よき友を持ち警告してもらうことが大切。賢者の非難も、耳に届かなくなる日がくると、大木もたちまち倒れると釈尊はいわれる。

さらに地位が上がると、磁石の引力が増して雑多な鉄クズが寄ってくるように、いろんな賞賛が増えてゆく。愚者の賞賛に乗って会長になってはいけない。もし、会長になったなら、

〝見送る時はいつまでも　立ち去る時はすみやかに（未練なく）〟を心にしみこませなければ、心の清水が淀み、腐り始める。

賢者の発する非難に気がつかねばならない。

といって、いつも苦情をいう人に引きずりまわされてはならないが……。

めったに文句と批判のことばを発しない人が非難した時は気をつけた方がいい。

私たちはほめことばに弱い。この時に備えて賢者か師を求めることは正しい。

28

死と病と老は、私たちをどこまでも追ってくる

釈尊はいわれる
死と病と老との三者は、あたかも炎《ほむら》の如く迫ってくる。これに抗《あらが》う力はない。これを逃れる敏速さはない。多かろうと少なかろうと、一日を空しく過ごしてはならない。一夜を無益に捨てるならば、それだけそなたの生命は減ずる。歩んでいようと、立っていようと、臥床に横臥していても、最後の夜は追ってくる。そなたは今怠けていてよい時ではない（急げ）。

さらに長老も唱える。

「これは今日だけの定めではない。奇妙でもないし、不思議でもない。——生まれたならば死ぬのである。そこに何の不思議があろう。生まれたものには、生の次に必ず死がある。生まれ生まれて、ここに死す。実にいのちがあるもの——どもは、この定めがある」大カッピナ長老

私たちは若い時、自分が三十路に入ったり四十路に入るとは思わなかった。自分だけはこの若さがいつまでも続き、死ははるかに遠いと思いなしていた。まして五十歳、六十歳、七十歳なんて……あり得ないと怠けて生きてきた。

どんなに医学が発達しようと、人の死をくい止めることは出来ない。

せいぜい百歳であろう。

老いゆくことは楽しく、また悲しいけれど、望もうと望むまいとそれは確実にやってくる。私たちは皆神の用意した時の舟に乗って大騒ぎ、小騒ぎしながら魂の海に下ってて

いるだけである。時の流れは早く、とくに人の子が育つのは早い。「このあいだ小学生だったのに、もう中学生」と、驚くことは再三再四である。その分自分も現実に老けてゆく。これに抗《あらが》う力は与えられていない。ビタミン剤を摂り、肌を美しく保ち、体操をして、血管と筋肉を柔らかくしても、過ぎゆく時は炎の如く、おしよせる年の波には勝てない。あわてず、急ぐがいい。十年はあっという間である。

この間ただ忙しく仕事をして時を喰って生きる。生きている意味と今生生まれた意味を問うことなく、あっという間に十年、二十年を時は飛びゆく。

うまく流れに乗って地位を待っても、失うことを恐れて地位と名誉と金銭に縛られていたならば、人の悲しみと喜びの違いがわからなくなる。

また老いて、会社において会長職のような名誉を得ると心地良く、いつまで執着して、今までの善行も汚してしまう。いつの時代も多くの人が、このクモの網に捕まってしまう。心して清心を保たなければ老いにおける汚れは来生に直結する。

快適な生活や楽をしていると、人々の為に……国の為に、自然の為にという志を失って、名声のみにしがみついてしまう。

利益ばかり数字ばかりを違う組織のワナに入り込むと、あらゆることは滞り、濁り、やがて腐敗し始め、臭いが世間に洩れてすぐくずれて消えてしまう。会社も、国家も！同じ法則の流れのもとにある。

仏陀の時代、ある長者が地に金貨を敷きつめた分だけ王子からもらえる土地に、金貨を敷きつめ尽くし、仏陀に寄進した後、こういった……。

「お金があった時は忙しく、不幸だった。無一文になって、今は安らぎ、幸せである」

と、笑みをもたらした話は実感がある。

肉体の快は心を安らかにしないが、心の安らぎは身体をいやすことを知って、欲のコントロールを覚えてゆこう。

私たちは今生の宿題と、果たすべき善行の光の玉を持たされている。欲の玉を脇に置いて、神に持たされたたくさんの善行の玉を、生きている間に人々に頒かち与えねば……死は必ず私たちに追いつく。

29

荷物を捨て、人生の道を楽しく散歩しよう

釈尊はいわれる（こよなき幸せとは）

尊敬と謙遜と適当な時に教えを聞くこと、耐え忍ぶこと、ことばのやさしいこと、諸々の道の人に会うこと、適当な時に理法について教えを聞くこと、これがこよなき幸せである。

釈迦はいわれる。年を老いて、三つの事をなすならば幸せである。……幸せの境地を招きよせると。まずは人々からの尊敬の念を頂きなさい。そのように尊敬され、年に関係なく尊敬する人に出会いなさい。

人々からの崇拝はいらないが、尊敬は生きる励ましになる。

自分よりも若き人でも、同年の人でも、能力があり心澄んだ人に出会って、尊敬の念を持つのは幸せであるという。

いつも、いつも、ずっと年を取って九十歳になっても、謙遜し、まだまだ……一からやり直しと内省して生きると幸せであるという。謙虚な心は美しく、なかなか得がたい。若い時から謙虚さを身につけるといい。つい人は見栄と、威圧にひきつけられて怖い顔の人となり易い。ありがとうをたくさん言おう。すべて〝おかげさま人生〟であると謙虚に謙虚に朝晩手を合わせて生きると美しい。

次にまた時々は迷いの森に滞まらないように、光る足を持つ心澄んだ導きの人の教えを聞いて、道を踏みはずさないことは幸せであるという。

心が落ちつかない時に、理法についての教えを聞く機会があることはこよなき幸せであるという。

なぜなら、道の人の歩んだ後を歩けるからである。そこには落し穴はなく、不安なく歩けるからである。

釈尊はさらに教えについていわれる。

「この世で教えをよく説き、多くを学んで、何物をも持たない人は楽しい。見よ、人々が何物かを持っているためにかえって悩んでいるのを。重い荷物を捨てたあとは、荷物をさらに受けるな。荷物を投げすてることは楽しい」

釈尊の教えを聞いて人生の荷をトラックから降ろし、出来る限り地位や名誉や財産も名声も投げすてて何も持たなくなると楽しいという。

貧で、威張るものを持たない時は楽でいい。

何か地位や賞讃にふさわしい家や高級車を持つのは大変である。

人生の散歩は手ぶらが楽しい。

人生の旅も、インドの旅もリュック一つが楽でいい。

今生でそういう正しき理法を説く人に出会うのは難しい。その人は自分を売ろうとはしないからである。

そういう人は宣伝せず、身を飾ることもなく、パワーを見せつけることもないから、発見するのは難しい。大げさな身振りもなく、大きな組織も持たず、一人コツコツ歩くから出会うのは難しい。

もし出会い、その人が語る法話が身にしみたなら、今生出会うこと稀《すく》なき人としてぴったりと離れない方が良いだろう。

その人は身を飾らず、大げさでなく、一人コツコツ歩いているだろう。そういう方は、必ず近くに居られる。

語らずともその傍に座すと心地良く、心洗われるならばその人を人生の師とし、適当な時に理法について教えを聞くといい。

それがお釈迦さまのいわれる稀《まれ》なる機会を得たこよなき幸である。

そうして人生の後半の作業は、今まで積み込んだ荷を少しづつ降ろして罪を少なく生きることにある。

30

「長老」と「老いぼれ」との差は…

釈尊はいわれる

「その報いは私には来ないだろう」と思って善を軽んずるな。水が一滴ずつしたたり落ちるならば水瓶が満たされるように、善を積むならばやがて福徳に満たされる。

まだ善の報いが熟しない間は善人でもわざわいにあうことがある。しかし、善の果報が熟した時、善人は幸福にあう。

あらゆる欲と行為との報いは遅くとも必ずやってくると、何度も何度も釈尊は私たちの為に警告する。

善きこと、人を助けたこと、励ましたこと、病の人のために祈ったこと、利を捨てて信をとり、過ちを犯さなかったこと、人を育て、自分の都合で子供を切り捨てなかったこと。こんなささいな善行の報いは来ないだろうと思って忘れても、天の銀行は積んだ預金は必ず利子をつけて返す。なぜなら、天の銀行だから。人の銀行は時代に流されるが、天の銀行は地球の終わりまであり続ける。

すべて大いなるもの、宇宙のサムシンググレイトと呼ばれるような大いなる仕組みの中で私たちは生かされているから、善を積むならばやがて福徳に満たされるとお釈迦さまはいわれる。それは本当のことなのです。だからお釈迦さまは私たちに熱心に説くのです。

これ等は人生に本当に起こることなのですよと。人をさげすみ傷つけると、あなたが同じ苦しみに悩み、病を得て苦しみます。

なぜなら毎日の生活が乱れ、体はふくれ、足に水がたまり始めるのです。食を少なくして感謝の心をとり戻すとたちまち治るのです……と。

「誠あり、徳あり、慈しみがあって、人を傷なわず、慎み有り、自ら整え、汚れを除き、清く気をつけている人こそ『長老』と呼ばれる。ただ年を経ただけならば『空しく老いぼれた人』である」

謙虚で人々に尊敬され常に人を助ける事に目ざめた人、徳と慈しみを収めた人が「長老」であり、ただ自分の欲に生き、地位と財の駆け引きのみに生き、思い通りにいかない事に腹を立てるような心を失った人を「空しく老いぼれた人」と呼んでいる。

釈尊の弟子は体験を通して次のように唱える。

「智恵ある人はたとえ財産を失っても生きてゆける……智恵をもっていなければ、たとえ財産ある人でも、実は生きていけないのである。眼ある人は盲人の如くあれ、耳ある人は聾者の如くであれ、知恵ある人は愚鈍なる者の如くであれ、強い者は弱い者の如くであれ。もし覚り

の目的が達成されたなら、死者の臥床によこたわれ」（大カッチャーヤナ長老）

自分の才を少し包み込んで、鞘のない短刀のようにギラギラとした刃を人目にさらすなかれという。

中国のことわざにも、才あって驕《おご》るなかれという。

驕《おご》りあるは、人々に嫌われる。

大きな花火を打上げるなかれ。強い者は弱い者のごとく静かであれ……。

驕りある人とは、才能があり、自分を抑えきれず、何かとさわがしい人をいうのであろう。小悟を得て、人々の尊敬の念を頂いたならば今生の目的は達した。若き日の少しの誤ちを抱《いだ》きながらでも……後は静かに、そして淡々と死を迎えよと。――大カッチャーヤナ長老は説かれる

死にたくない、死にたくないといってたくさんの財産を身に集めて死を迎えるならば、残された人はそのあとの業と怨念の財の処理に悩まされることが多い。

「人生の後半は人生の前半に積み込んだ荷物を少しずつ降ろす為にある」ともう一度噛みしめてみよう。積み込んでさらに積み込むならば陀弥陀様の救いのクモの糸は

切れ、逝く自分も、残された人々も大騒ぎの中で人生を終わることになるのでしょう。
罪の荷を少なくしていきましょう。
許し許された世界に生きましょう。
そして長老として生き、死にましょう。

工房の冬景色。30Cm は積もる

31

人があの世に持ってゆけるもの

釈尊は説かれた
この世に有るといわれる限りの、色かたち、声音、味わい、香り、触れられるもの、好ましく愛すべく意に適うもの……、それらは実に、世人には「安楽」であると一般に認められている。また、それが滅びる場合に、人はそれを「苦しみ」であると、等しく認めている。

私たちは医学的にいっても、哲学的にいっても、日常は五感とその思念の中で生きている。釈尊や過去の聖者や覚者は五感を超えた六感を自由に操った。

しかし、我ら平凡な人間は五感の中に生きている。日常、見えるもの、触《ふ》れるもの、臭うもの、聞こえるもの、味わうものは確固たる体験と思われがちだが、釈尊はいわれる。

それは滅びゆく感覚なのだと。

本当に今、どんな確かなことも、五年、十年経てばあいまいな記憶の霧の中に埋もれてしまう。あんなに確かに生きていた少年時代も、フィルムのはるか向こうの時の彼方へただ漂う。

私やあなたが体験したこと得た知識は、死によって滅びるものなのだ。

誰も織田信長の日常の動きまで知覚し得ない。信長が見たもの、触れたもの、味わったものは信長の死とともに消えていってしまった。

あなたの人生上の体験はすべて、あなたの滅びとともに消えてゆく。

あなたのおじいさんが、またあなたの愛するおばあさんが、どんな愛を体験し、どんな日常に安らぎ、どんな青春を味わったか。

深く、いちいち知ることをなし得ないように、あなたの恋愛も、青春のときめきも、孫やひ孫には見えないだろう。

しかし私たちがこの世を去る時、私たちがあの世に持ってゆくものは何か……その荷物の中味をしっかりと見てみよう。

まずは日常の職場や、会議や、対人関係の中で、嘘やごまかしたことや人をバカ呼ばわりしたり、無能ときめつけたり、辞めた人の悪口をいったことはしっかりとあの世に持ってゆく。

また不当な利益を得たことや、人知れずした親切や寄付や、誰にも知られない悪意も、誰にも知られない善行も、しっかりとあの世に持ってゆく。

私たちは死の事前に自分のなしたことを毎日、毎日神へ報告している。生きるということは、神への報告書作りなのだ。

私たち一人一人に心と記憶という神のスパイが張りついているのだから、毎日の神への報告内容に私たちの選択の権利はない。死に際して私たちがあの世に持ってゆくものは……

「人に与えた喜びと、人に与えた悲しみだけ」である。

だから、あの世で釈尊に出会って微笑まれるように、善を多くなしてゆこう。

怒りと財の所有を少なくし、食を貪らず、人々に安楽をもたらすことばをたくさん語ろう。

今生、生ある内に、出来る限りの憎しみを解き、許し難き人から先に許してゆこう。

彼《か》の人に幸あれ、彼《か》の人に光あれと祈るのが一番。そうするとまず、あなたが救われることを知るだろう。

また生存中に貯めた預金も財産も地位も名誉も家も土地も、そして愛しい体もこの世に残し……私たちは去る。残された物は、子や孫やあなたに愛着を抱かない人たちがさっさと処分してしまうだろう。

だから生あるうちに、天の銀行に善行を預けよう。

『人々のよろこびこそ天の貨幣である。信こそこの人生の貨幣である。』

〝人があの世に持っていけるものは、
人に与えた喜びと、人に与えた悲しみだけ〟

終わりに

私はお釈迦さまを知らなければ
損得の中で生き快楽を求めて苦しんでいただろう。
それが誰にとっても当り前の人生という
闇の中から抜け出せなかっただろう。
　私は一条の仏の光を受け
目覚めた。
怒りと欲を制し、食を抑えることに拠り
　私は安らぎと平安を得た。
　　私は今、仏の
　　　キラメキの中で
　　　　生きている。

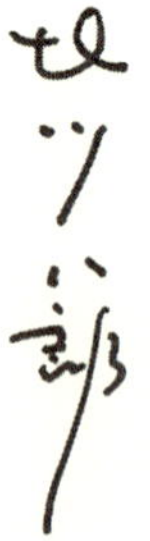

主要参考文献

本書を執筆するにあたり、左記の文献を参考にさせていただきました。
ありがとうございました。　合掌

中村元『ゴータマ・ブッダ―釈尊の生涯！』（春秋社中村元選集一九六九年）
同『ブッダ最後の旅―大パリニッパーナ経』（岩波文庫一九八〇年）
同『ブッダのことば―スッタニパータ』（岩波文庫一九八四年）
同『真理のことば感興のことば』（岩波文庫一九七八年）
同『仏弟子の告白―テーラガーター』（岩波文庫一九八二年）
同『尼僧の告白―テーリーガーター』（岩波文庫一九八二年）
同『神々との対話―サンユッタ・ニカーヤⅠ』（岩波文庫一九八六年）
同『悪魔との対話―サンユッタ・ニカーヤⅡ』（岩波文庫一九八六年）
同『原始仏教の思想』上・下（春秋社一九七〇年～一年）
増谷文雄『仏陀―その思想と生涯』（角川選書一九六九年）
同『仏教百話』（筑摩書房一九八五年）
奈良康明『ラーマクリシュナ』（講談社一九八三年）
同『釈尊との対話』（ＮＨＫブックス一九八八年）
共同通信社・社会部『沈黙のファイル瀬島龍三は何だったか』（一九八〇年）

佐藤良純『釈尊の生涯』（学習研究社『ブッダの世界』一九八〇年）
水野弘元『釈尊の生涯』（春秋社一九八五年）
『原始仏典全十巻』（講談社）
同『①ブッダの生涯』
同『②ブッダの前世』
同『③ブッダのことばⅠ』
同『④ブッダのことばⅡ』
同『⑤ブッダのことばⅢ』
同『⑥ブッダのことばⅣ』
同『⑦ブッダの詩Ⅰ』
同『⑧ブッダの詩Ⅱ』
同『⑨仏弟子の詩』
同『⑩ブッダのチャリタ』
ブライアン・L・ワイス『魂の療法』（PHP研究所二〇〇一年）
伊藤肇『人間的魅力の研究』（日本経済新聞社一九八〇年）
山本七平『人間としてみたブッダとキリスト―山本七平・宗教を語る』（原書房一九八四年）

この本は『仏陀のことば 百言百話』（致知出版社）を加筆訂正し再版したものである。

著者略歴

北川　八郎（きたがわ　はちろう）

1944年福岡県生まれ。

小倉高校を卒業し防衛大学校に入学するも1年未満で退学する。

1970年代、カネボウ化粧品（株）の銀座本社に勤務。会社の正義と社会の正義とのはざ間で苦悩。人として生きている意味を見失い迷いの森をさまよう。

答えを求めてカネボウを退社。インド放浪。1985年に信州より九州阿蘇外輪山の小国郷に移住。

41歳の時、黒川温泉の平の台水源の森で41日間の断食（水のみ）。43歳の時、46日間の水だけの断食に導かれ「人としての小さな光明を得た」

宗教とは関係なく今生、人を許し怒りを少なくし罪少なく生きる事、いつも人の善の為に祈る事を命題として与えられた。

競い合う事よりも頒ち合いとやさしきエネルギーの中でつながり生きるよう導かれた。

平凡な一人として平和感と安らぎの内に自然の中で暮らしてゆく為に「七陶三農」の生活を送る。

阿蘇山中の南小国町満願寺温泉にて満願寺窯。トマト灰釉など自然灰釉の器を創って生きる。ブログ「北川八郎」に講演日程を展示。

（主な著作物）

北川八郎　心の講話集

『1巻　心にある力』

『2巻　断食のすすめ』

『3巻　対人苦からの解放』

『4巻　繁栄の法則』

『5巻　ベジタリアンライフのすすめ』

『6巻　光る足』など。

『断食の本』―致知出版

『繁栄の法則』―致知出版

『ブッダのことば　百言百話』―致知出版

『自然灰釉の作り方』―理工学社

※自宅注文 FAX 0967-46-5042

あなたを苦から救う
お釈迦さまのことば（上巻）

平成二十年十月十日　第一刷発行
平成二十二年四月二十二日　第二刷発行

著　者　北川　八郎
発行者　斎藤　信二
発行所　株式会社 高木書房
〒一一六―〇〇一三
東京都荒川区西日暮里二―四六―四―七〇一
電　話　〇三―五八五〇―五八一〇
ＦＡＸ　〇三―五八五〇―五八一一
装　幀　株式会社インタープレイ
印刷・製本　株式会社ワコープラネット

 ISBN978-4-88471-075-0 Printed in Japan

あなたを不安から救ってくれる
お釈迦さまのことば（下巻）

不幸にならない為に生きているると、いつも気になるその不幸をひきつけます。幸になる為に生きていると、その幸せをひきつけます。

「不幸にならない為の生き方」も「幸になる為の生き方」も同じものを目ざしていますが、ひきつける現実は大きく違ってくるのです。

●B6 ソフトカバー
●142 ページ
●定価 1,050 円（税込）
高木書房